ESTUDIO BÍBLICO CATÓLICO DE LIBROS LIGUORI

Libros Proféticos I

ISAÍAS, JEREMÍAS, LAMENTACIONES,
BARUC, EZEQUIEL, Y DANIEL

P. WILLIAM A. ANDERSON, DMIN, PHD,
Y P. LUCAS TEIXEIRA, SSL

LIBROS
LIGUORI

Imprimi Potest:
Stephen T. Rehrauer, CSsR, Provincial
Provincia de Denver, los Redentoristas

Impreso con Permiso Eclesiástico y aprobado para uso educativo privado.

Imprimatur: "Conforme al C. 827, Monseñor Mark S. Rivituso, obispo electo de St. Louis, concedió el Imprimátur para la publicación de este libro el 20 de marzo de 2017. El Imprimátur es un permiso para la publicación que indica que la obra no contiene contradicciones con las enseñanzas de la Iglesia Católica, sin embargo no implica aprobación de las opiniones que se expresan en la obra. Con este permiso no se asume ninguna responsabilidad".

Publicado por Libros Liguori, Liguori, Missouri 63057
Pedidos al 800-325-9521 o visite liguori.org

Copyright © 2017 William A. Anderson

Todos los derechos reservados. Ninguna parte de esta publicación se puede reproducir, almacenar en algún sistema ni transmitir por ningún medio –electrónico, mecánico, fotocopia, grabación ni ningún otro– sin el permiso previo y por escrito de Libros Liguori.

Library of Congress Cataloging-in-Publication Data to come

p ISBN 978-0-7648-2512-5
e ISBN 978-0-7648-6957-0

Los textos de la Escritura que aparecen en este libro han sido tomados de la *Biblia de Jerusalén* versión latinoamericana © 2007, Editorial Desclée de Brower. Usada con permiso. Todos los derechos reservados.

Libros Liguori, una organización sin fines de lucro, es un apostolado de los Padres y Hermanos Redentoristas. Para más información, visite Redemptorists.com

Impreso en los Estados Unidos de América
21 20 19 18 17 / 5 4 3 2 1
Primera edición

Diseño de la portada: Pam Hummelsheim
Imágen de la portada: Jeremiah by Giovanni Battista Tiepolo, DeAgostini/SuperStock

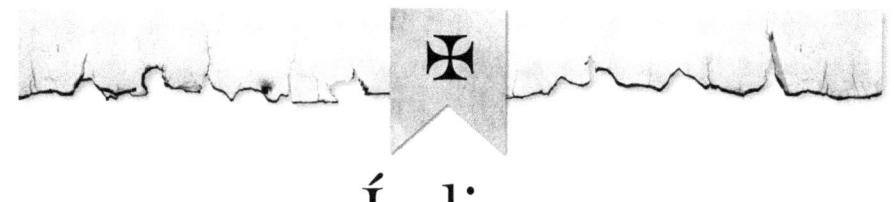

Índice

Dedicatoria 5

Reconocimientos 5

Introducción al *Estudio Bíblico de Libros Liguori* 6

Lectio divina **(Lectura sagrada)** 8

Cómo utilizar el Estudio Bíblico 11
    Un método para la Lectio divina 11
    Metodologías para el estudio en grupo 12

Visión general del libro 16

Introducción: Libros Proféticos I 18

Lección 1: El libro de Isaías I (Isa 1—39) 25
    Parte 1: Estudio en grupo (Isa 1—5) 26
    Parte 2: Estudio en grupo (Isa 6—9:6) 30
    Parte 3: Estudio individual (Isa 9:7—39) 34

Lección 2: El libro de Isaías II (Isa 40—55) 43
    Parte 1: Estudio en grupo (Isa 40—45) 44
    Parte 2: Estudio individual (Isa 46—55) 48

Lección 3: El libro de Isaías III (Isa 56—66) 53
    Parte 1: Estudio en grupo (Isa 56—58) 54
    Parte 2: Estudio individual (Isa 61—66) 57

Lección 4: El libro de Jeremías I (Jer 1—20) 62
    Parte 1: Estudio en grupo (Jer 1—2) 62
    Parte 2: Estudio individual (Jer 3—20) 65

ÍNDICE

Lección 5: El libro de Jeremías II (Jer 21—35) 73
    Parte 1: Estudio en grupo (Jer 21—23:8) 74
    Parte 2: Estudio individual (Jer 23:9—35:19) 76

Lección 6: El libro de Jeremías III (Jer 36—52) 84
    Parte 1: Estudio en grupo (Jer 36—38) 85
    Parte 2: Estudio individual (Jer 39—52) 88

Lección 7: Lamentaciones 1—5 y Baruc 1—6 94
    Parte 1: Estudio en grupo (Lamentaciones 1—2) 95
    Parte 2: Estudio individual (Lamentaciones 3-5; Baruc 1—6) 98

Lección 8: El libro de Ezequiel I (Ez 1—15) 105
    Parte 1: Estudio en grupo (Ez 1—3:27) 106
    Parte 2: Estudio en grupo (Ez 4—7) 109
    Parte 3: Estudio individual (Ez 8—15) 113

Lección 9: El libro de Ezequiel II (Ez 16—32) 119
    Parte 1: Estudio en grupo (Ez 16) 120
    Parte 2: Estudio individual (Ez 17—22) 122
    Parte 3: Estudio en grupo (Ez 23—24) 128
    Parte 4: Estudio individual (Ez 25—32) 131

Lección 10: El libro de Ezequiel III (Ez 33—48) 133
    Parte 1: Estudio en grupo (Ez 33—34) 134
    Parte 2: Estudio individual (Ez 35—48) 136

Lección 11: El libro de Daniel I (Dan 1—6) 142
    Parte 1: Estudio en grupo (Dan 1—2) 143
    Parte 2: Estudio individual (Dan 3—6) 146

Lección 12: El libro de Daniel II (Dan 7—14) 152
    Parte 1: Estudio en grupo (Dan 7—8) 153
    Parte 2: Estudio individual (Dan 9—14) 156

Dedicatoria

La serie de libros que componen la colección del *Estudio Bíblico de Libros Liguori* está dedicada entrañablemente a la memoria de mis padres, Kathleen y Angor Anderson, en agradecimiento por todo lo que compartieron con quienes los conocieron, especialmente con mis hermanos y conmigo.

WILLIAM A. ANDERSON

Dedico el presente estudio bíblico con amor a mis sobrinos Tiago, João Pedro, Rafael, Lucas, Miguel e João Gabriel; y a mis cuñadas Luisa e Alice.

LUCAS TEIXEIRA

Reconocimientos

Los estudios bíblicos y las reflexiones que contiene este libro son fruto de la ayuda de muchos que leyeron el primer borrador e hicieron sugerencias. Estoy especialmente en deuda con la Hermana Anne Francis Bartus, CSJ, D Min, cuya vasta experiencia y conocimiento fueron muy útiles para llevar, esta colección a su forma final.

WILLIAM A. ANDERSON

Agradezco al Dios compasivo y misericordioso (cf. Ne 9:17; Ex 34:6) que me concede la posibilidad de ofrecer esta pequeña contribución para un mayor conocimiento, aprecio y vivencia de su Palabra. Y gracias también al equipo editorial de Liguori por la confianza, acogida y valoración de mi trabajo.

LUCAS TEIXEIRA

Introducción al
Estudio Bíblico de Libros Liguori

LEER LA BIBLIA puede intimidar a algunos. Es un libro complejo y muchas personas de buena voluntad que han tratado de leerla, terminaron dejándola desalentados. Por ello, ayuda tener un compañero de viaje y el Estudio Bíblico de Libros Liguori es uno confiable. En los diversos libros de esta colección, vas a aprender sobre el contenido de la Biblia, sobre sus temas, personajes y acontecimientos, y aprenderás también cómo los libros de la Biblia surgieron por la necesidad de responder ante nuevas situaciones.

A lo largo de los siglos, los creyentes se han preguntado: ¿dónde está Dios en este momento? Millones de católicos se vuelven a la Biblia en busca de aliento. La prudencia nos aconseja no emprender un estudio de la Biblia por nosotros mismos, desconectados de la Iglesia que recibió la Escritura para compartirla y custodiarla. Cuando se utiliza como una fuente para la oración y atenta reflexión, la Biblia cobra vida. Tu decisión de adoptar un programa para el estudio de la Biblia debe estar dictada por lo que esperas encontrar en él. Uno de los objetivos del Estudio Bíblico de Libros Liguori es dar a los lectores una mayor familiaridad con la estructura de la Biblia, con sus temas, personajes y mensaje. Pero eso no es suficiente. Este programa también te enseñará a usar la Escritura en tu oración. El mensaje de Dios es tan importante y tan urgente en nuestros días como lo fue entonces, pero solo nos beneficiaremos de él si lo memorizamos y conservamos en nuestras mentes. Está dirigido a toda la persona en sus esferas física, emocional y espiritual.

Nuestro Bautismo nos introduce a la vida en Cristo y estamos hoy llamados a vivir más unidos a Cristo en la medida en que practicamos los valores de la justicia, la paz, el perdón y la vida en la comunidad. La nueva alianza de Dios fue escrita en los corazones del pueblo de Israel; nosotros, sus descendientes espirituales, somos amados por Dios de una forma igualmente íntima. El Estudio Bíblico de Libros Liguori te acercará más a Dios, a cuya imagen y semejanza fuiste creado.

Estudio en grupo e individual

La colección de libros del *Estudio Bíblico de Libros Liguori* está orientada al estudio y la oración en grupo o de forma individual. Esta colección te da las herramientas necesarias para comenzar un grupo de estudio. Reunir a dos o tres personas en una casa o avisar de la reunión del grupo de estudio de la Biblia en una parroquia o comunidad puede dar resultados sorprendentes. Cada lección del Estudio Bíblico contiene una sección para ayudar a los grupos a estudiar, reflexionar y orar, y compartir con otros sus reflexiones bíblicas. Cada lección contiene también una segunda sección para el estudio individual.

Mucha gente que quiere aprender más sobre la Biblia no sabe por dónde empezar. Esta colección les da un punto de partida y les ayuda a seguir adelante hasta que se familiaricen con todos sus libros.

El estudio de la Biblia puede ser un proyecto tan largo como la vida misma, que enriquece siempre a todos los que quieren ser fieles a la Palabra de Dios. Cuando la gente completa un estudio de toda la Biblia, puede empezar otra vez, haciendo nuevos descubrimientos cada vez que se adentra de nuevo en la Palabra de Dios.

Lectio divina (Lectura sagrada)

EL ESTUDIO BÍBLICO no consiste únicamente en adquirir conocimientos intelectuales de la Biblia; también tiene que ver con adquirir una mayor comprensión del amor de Dios y una mayor preocupación por la Creación. El fin de leer y conocer la Biblia es fortalecer nuestra relación con Dios. Dios nos ama y nos dio la Biblia para enseñarnos ese amor. En su discurso de 12 de abril de 2013 ante la Pontificia Comisión Bíblica, el Papa Francisco subrayó que "la vida y misión de la Iglesia se fundan en la Palabra de Dios que es el alma de la teología y al mismo tiempo inspira toda la vida cristiana".

El significado de *Lectio divina*

Lectio divina es una expresión latina que significa "lectura sagrada o divina". El proceso para la *Lectio divina* consiste en leer la Escritura, reflexionar y orar. Muchos clérigos, religiosos y laicos usan la *Lectio divina* en su lectura espiritual todos los días para desarrollar una relación más cercana y amorosa con Dios. Aprender sobre la Sagrada Escritura tiene como finalidad llevar a la vida personal su mensaje, lo cual requiere un periodo de reflexión sobre ella.

Oración y *Lectio divina*

La oración es un elemento necesario para la práctica de la *Lectio divina*. Todo el proceso de lectura y reflexión de la Escritura es en el fondo es una oración, no un esfuerzo puramente intelectual; es también un esfuerzo espiritual. En la página 14 se ofrece una oración introductoria para reunir los propios pensamientos antes de abordar los diversos pasajes de cada sección. Esta oración se puede decir en privado o en grupo. Para los que usan el libro en su lectura espiritual de todos los días, la oración para cada apartado puede repetirse todos los días. También puede ser útil llevar un diario de las meditaciones que se hacen cada día.

Ponderar la Palabra de Dios

La *Lectio divina* es la antigua práctica espiritual de los cristianos de leer la Sagrada Escritura con una intencionalidad y con devoción. Esta práctica les ayuda a centrarse y a bajar a su corazón para entrar en un espacio íntimo y silencioso donde puedan encontrarse con Dios.

Esta lectura sagrada es distinta de la lectura para adquirir conocimientos o información, y es más que la práctica piadosa de la lectura espiritual. Es la práctica de abrirnos a la acción e inspiración del Espíritu Santo. Mientras nos concentramos de forma consciente y nos hacemos presentes al significado íntimo del pasaje de la Escritura, el Espíritu Santo ilumina nuestras mentes y corazones. Llegamos al texto queriendo ser transformados por un significado más profundo que se encuentra en las palabras y pensamientos que estamos ponderando.

En este espacio nos abrimos a los retos y a la posibilidad de ser cambiados por el significado íntimo de la Escritura. Nos acercamos al texto con espíritu de fe y con obediencia, como un discípulo deseoso de ser instruido por el Espíritu Santo. A medida que saboreamos el texto sagrado, abandonamos la actitud controladora de quien quiere decir a Dios cómo actuar en nuestras vidas y rendimos nuestro corazón y nuestra conciencia a la acción de lo divino (*divina*) a través de la lectura (*Lectio*).

El principio fundamental de la *Lectio divina* nos lleva a entender mejor el profundo misterio de la Encarnación, "La Palabra se hizo carne", no solo en la historia, sino también en nosotros mismos.

Rezar la *Lectio* en nuestros días

Relaja tu cuerpo y mantén una postura de oración (sentado, con la espalda recta, ojos cerrados, ambos pies en el piso). Ahora sigue estos cuatro sencillos pasos:
1. Lee un pasaje de la Escritura o las lecturas de la Misa del día. Esta parte se llama *Lectio* (si la Palabra de Dios se lee en voz alta, quienes escuchan deben hacerlo atentamente).

2. Ora usando el pasaje de la Escritura elegido mientras buscas un mensaje específico para ti. Una vez más, la lectura se escucha y se lee en silencio para ser reflexionada o meditada. Esto se conoce como *meditatio*.
3. El ejercicio ahora se vuelve activo. Toma una palabra, frase o idea que aflore al estar considerando el texto elegido. ¿Esa lectura te recuerda a alguna persona, lugar o experiencia? Si es así, haz oración pensando en ello. Concentra tus pensamientos y reflexiones en una sola palabra o frase. Este "pensamiento-oración" te ayudará a evitar las distracciones durante la *Lectio*. Este ejercicio se llama *oratio*.
4. En silencio, con tus ojos cerrados, tranquilízate y hazte consciente de tu respiración. Deja que tus pensamientos, sentimientos y preocupaciones se desvanezcan mientras consideras el pasaje seleccionado en el paso anterior (la *oratio*). Si estás distraído, usa tu "pensamiento-oración" para volver al silencio y quietud. Esta es la *contemplatio*.

Puedes dedicar a este ejercicio tanto tiempo como desees, pero en el contexto de este Estudio Bíblico, de 10 a 20 minutos debería ser suficiente.

Muchos maestros de oración llaman a la contemplación "orar descansado en Dios" y la ven como el preámbulo del perderse a sí mismo en la presencia de Dios. La Escritura se convierte en nuestra oyente mientras oramos y permitimos a nuestros corazones unirse íntimamente con el Señor. La Palabra realmente se hace carne, pero en esta ocasión se manifiesta en nuestra propia carne.

Cómo utilizar el Estudio Bíblico

Los comentarios y reflexiones que aparecen en este estudio, ayudarán a los participantes a familiarizarse con los textos de la Escritura y los llevarán a reflexionar con mayor profundidad en el mensaje de los mismos. Al final de este estudio los participantes contarán con un sólido conocimiento de los libros de Isaías, Jeremías, Lamentaciones, Baruc, Ezequiel, y Daniel. Quienes estudian este volumen se darán cuenta de cómo estos les ofrecen un alimento espiritual. El estudio no es solo una aventura intelectual, sino también espiritual. Las reflexiones guían a los participantes en su propio caminar por la Escritura.

UN MÉTODO PARA LA *LECTIO DIVINA*

Libros Liguori ha diseñado este estudio para que sea fácil de usar y aprovechar. De cualquier forma, las dinámicas de grupo y los líderes pueden variar. No tratamos de controlar la labor del Espíritu Santo en ustedes, por eso les sugerimos que decidan de antemano qué metodología funciona mejor para su grupo. Si están limitados de tiempo, pueden hacer el estudio en grupo y hacer la oración y la reflexión después, individualmente.

De cualquier forma, si su grupo desea profundizar en la Sagrada Escritura y celebrarla a través de la oración y el estudio, les recomendamos dedicar alrededor de noventa minutos cada semana para reunirse, de forma que

> **Nota:** Los textos de la Escritura de este libro y de todo el Estudio Bíblico están tomados de la *Biblia de Jerusalén*, versión latinoamericana © 2007, Editorial Desclée de Brower. Usada con permiso.

puedan estudiar y orar con la Escritura. La *Lectio divina* (ver página 8) es una antigua forma de oración contemplativa que lleva a los lectores a encontrarse con el Señor usando el corazón y no solo la cabeza. Recomendamos vivamente usar este tipo de oración tanto en el estudio individual como en el de grupo.

METODOLOGÍAS PARA EL ESTUDIO EN GRUPO

1. Estudio bíblico con *Lectio divina*

Alrededor de noventa minutos
- Reunirse y recitar la oración introductoria (3-5 minutos).
- Leer el pasaje de la Escritura en voz alta (5 minutos).
- Lectura en silencio del comentario y preparación para discutirlo en grupo (3-5 minutos).
- Discutir el pasaje de la Escritura junto con el comentario y la reflexión (30 minutos).
- Leer el pasaje de la Escritura en voz alta por segunda vez, seguido de un momento de silencio para la meditación y contemplación personal (5 minutos).
- Dedicar un poco de tiempo a orar usando el pasaje elegido. Los miembros del grupo leerán lentamente el pasaje de la Escritura por tercera vez, atentos a la voz de Dios mientras leen (10-20 minutos).
- Compartir con los demás las propias luces (10-15 minutos).
- Oración final (3-5 minutos).

2. Estudio bíblico

Alrededor de una hora
- Reunirse y recitar la oración introductoria (3-5 minutos).
- Leer el pasaje de la Escritura en voz alta (5 minutos).
- Lectura en silencio del comentario y preparación para discutirlo en grupo (3-5 minutos).
- Discutir el pasaje de la Escritura junto con el comentario y la reflexión (40 minutos).
- Oración final (3-5 minutos).

Notas para el líder

- Lleva una copia de la *Biblia de Jerusalén* versión latinoamericana © 2007, Editorial Desclée de Brower u otra que te ayude.
- Haz un programa con las lecciones que verán cada semana.
- Prelee el material antes de cada clase.
- Establece algunas normas escritas básicas (por ejemplo: las clases duran solo noventa minutos; no se puede acaparar el diálogo discutiendo o polemizando, etc.).
- Ten las clases en un lugar apropiado y acogedor (algún salón en la parroquia, una sala de reuniones o una casa).
- Usen gafetes con los nombres de los participantes y organiza alguna actividad en la primera clase para romper el hielo; pide a los participantes que se presenten al grupo.
- Pon separadores en los pasajes de la Escritura que van a leer durante la sesión.
- Decide cómo quieres que se lea la Escritura en voz alta durante las clases (con uno o con varios lectores).
- Usa un reloj de pared o de pulso.
- Ten algunas Biblias extra (o fotocopias de los pasajes de la Escritura) para aquellos participantes que no lleven Biblia.
- Pide a los participantes que lean "Visión general del libro" y "Introducción a los Libros Proféticos I" (páginas 16-24) antes de la primera sesión. Pide a los participantes que lean o la introducción correspondiente antes de la sesión.
- Di a los participantes qué pasajes van a estudiar y motívalos a leerlos antes de la clase; también invítalos a leer el comentario.
- Si optas por utilizar la metodología con *Lectio divina*, familiarízate tú primero con esta forma de orar. Hazlo con antelación.

Notas para los participantes

✠ Lleva tu propia copia de la *Biblia de Jerusalén*, versión latinoamericana © 2007, Editorial Desclée de Brower u otra que te ayude.

✠ Lee la "Visión general del libro" e "Introducción a los Libros Proféticos I" (páginas 16-24) o la introducción correspondiente antes de la sesión.

✠ Lee los pasajes de la Escritura y el comentario antes de cada sesión.

✠ Prepárate para compartir tus reflexiones con los demás y para escuchar las opiniones de los demás con respeto (no es un momento para discutir o hacer un debate sobre determinados aspectos de la fe).

Oración inicial

Líder: Dios mío, ven en mi auxilio,

Respuesta: Señor, date prisa en socorrerme.

Líder: Gloria al Padre y al Hijo y al Espíritu Santo,

Respuesta: como era en el principio ahora y siempre por los siglos de los siglos. Amén.

Líder: Cristo es la vid y nosotros los sarmientos. Como sarmientos unidos a Jesús, la vid, estamos llamados a reconocer que las Escrituras siempre se han cumplido en nuestras vidas. Es la Palabra viva de Dios que vive en nosotros. Ven Espíritu Santo, llena los corazones de tus fieles y enciende en nosotros el fuego de tu divina sabiduría, conocimiento y amor.

Respuesta: Abre nuestras mentes y corazones mientras aprendemos sobre el gran amor que nos tienes y que nos muestras en la Biblia.

Lector: (Abre tu Biblia en el texto de la Escritura asignado y léelo con calma y atención. Haz una pausa de un minuto, buscando aquella palabra, frase o imagen que podrías usar durante la *Lectio divina*).

Oración final

Líder: Oremos como Jesús nos enseñó.

Respuesta: Padre Nuestro...

Líder: Señor, ilumínanos con tu Espíritu mientras estudiamos tu Palabra en la Biblia. Quédate con nosotros este día y todos los días, mientras nos esforzamos por conocerte y servirte, y por amar como Tú amas. Creemos que a través de tu bondad y amor, el Espíritu del Señor está verdaderamente sobre nosotros. Permite que las palabras de la Biblia, tu Palabra, tomen posesión de nosotros y nos animen a vivir como Tú vives y a amar como Tú amas.

Respuesta: Amén.

Líder: Que el auxilio divino permanezca siempre con nosotros.

Respuesta: En el nombre del Padre, y del Hijo, y del Espíritu Santo. Amén.

Visión general del libro

EL PRESENTE MANUAL ofrece al lector creyente una guía orientativa de estudio y oración sobre los llamados profetas mayores del Antiguo Testamento. Notaremos de inmediato que el bloque no es del todo homogéneo. El escrito de los tres grandes profetas veterotestamentarios, Isaías, Jeremías y Ezequiel se acomunan por su forma literaria y varios temas afines (por ejemplo la infidelidad del pueblo a la alianza en contraposición a la fidelidad y misericordia del Señor, la idolatría y los falsos dioses y el de la salvación y restauración de Israel y Judá). Ya el libro de las Lamentaciones se presenta como un poema orante en torno al dramático acontecimiento de la destrucción de Jerusalén en 587 a.C. El libro de Baruc juntamente con el libro de Daniel, poseen rasgos marcadamente sapienciales. Baruc desarrolla una reflexión poética en torno al tema de la Sabiduría, que viene identificada con la Ley de Moisés. Daniel por su parte se compone de amplias secciones narrativas, que contienen historias de carácter didáctico y simbólico. Un tema que une a todos los escritos de este bloque es ciertamente el del exilio, sea del reino del norte (Israel) como del sur (Judá), y la esperanza de restauración por una acción de Dios, así como el de la superioridad y exclusividad del Dios de Israel y su soberano poder sobre todos los pueblos de la tierra.

El volumen se organiza en doce lecciones, siendo las tres primeras dedicadas al libro de Isaías, seguidas de tres lecciones también para el libro de Jeremías y de Ezequiel. Se le ha dedicado una lección a los escritos de Baruc y las Lamentaciones. Las últimas dos lecciones se ocupan del libro de Daniel.

Siguiendo la metodología de los manuales bíblicos de Liguori, las unidades se dividen en su mayoría en una o dos secciones para el estudio en grupo, seguidas de una unidad en su mayoría más amplia, para el estudio individual. Las preguntas de repaso han sido formuladas para ayudar a fijar los elementos más significativos de cada libro, para recordar algunas de sus problemáticas específicas o para suscitar su profundización, en vistas a lograr una mayor familiaridad con el libro de la Escritura que se está estudiando.

La presente colección de estudios bíblicos es de carácter más bien pastoral. Sin embargo, en la medida de lo posible, se ha buscado ofrecer una visión equilibrada de los varios argumentos que se tratan, tomando en consideración las aportaciones actuales de la ciencia exegética y la tradición eclesial. Se sugiere la consulta a los comentarios y estudios especializados para ulteriores profundizaciones, sobre todo las cuestiones más complejas que cada libro presenta.

Las breves guías para la *Lectio divina*, deben ser consideradas en conjunto con su texto bíblico de referencia y la guía de estudio. Su finalidad es actualizar el mensaje bíblico del texto estudiado, conforme a las sugerencias de su interpretación y la iluminación que el Espíritu Santo le ofrece al lector creyente, de manera que los criterios de la Palabra inspiren siempre más los suyos y así modelen su obrar conforme al querer de Dios.

INTRODUCCIÓN

Libros Proféticos I
Los libros de Isaías, Jeremías, Baruc, Lamentaciones, Ezequiel y Daniel

Leer esta presentación antes de la primera lección.

EL PAPEL de los profetas en la historia de la salvación, fue la de comunicar al pueblo el mensaje de Dios y la de presentar ante Dios las necesidades del pueblo. En comparación con los sacerdotes del Antiguo Testamento, los profetas no heredaron su oficio, sino que lo recibieron por un especial llamado de Dios. Siendo su principal tarea la de mediar la palabra de Dios, buena parte de sus discursos eran introducidos con la expresión, "así dice el Señor" u "oráculo del Señor". Diversamente al sacerdocio de la antigua alianza, los profetas podrían ser hombres o mujeres. El libro de los Jueces, de hecho, nos habla de Débora, una profetiza del tiempo del juez Barac (ver Jueces 4:4). La tradición ha distinguido además a profetas "mayores y menores", profetas de antes, durante y después del exilio de Babilonia, profetas "escritores" (cuya tradición profética se transmite en escritos que traen el nombre del profeta histórico) y no-escritores (como Natán, Elías y Eliseo, entre otros). El presente volumen de los *Estudios Bíblicos Liguori* se ocupa de los profetas mayores y de los libros de Baruc y las Lamentaciones.

Profetas "escritores", "no-escritores", "anteriores" y "posteriores"

De entre los profetas bíblicos, encontramos algunos, cuya predicación fue puesta por escrito, como en el caso de Jeremías e Isaías. Sin embargo, encontramos varios otros, cuya actividad y mensaje nos fueron transmitidos en otros libros bíblicos, como es el caso de los profetas Samuel, Natán, Elías y Eliseo. Samuel actuó al tiempo del rey Saúl y fue a él a quien correspondió ungir a David. Natán hizo las veces de consejero de David cuando rey, mientras Elías y Eliseo tuvieron la misión principal de llamar a los impíos reyes del reino del norte (Israel), a la fidelidad a Dios. En la tradición hebrea, los libros de Josué, Jueces, Samuel y Reyes, son considerados libros proféticos y son llamados profetas anteriores. Al bloque de libros que incluye a los profetas escritores lo llaman profetas posteriores. Lo interesante en esta categorización es la acertada intuición de llamar proféticos también a otros bloques de la palabra inspirada, en su totalidad, de hecho, transmitida a nosotros por mediación humana. Como dice la 2 Pedro, "nunca profecía alguna ha venido por voluntad humana, sino que hombres, movidos por el Espíritu Santo, han hablado de parte de Dios" (1:21). La palabra de Dios recibida por inspiración, a veces también a través de sueños o visiones, los profetas la trasmitieron a través de oráculos (es decir frases breves con el mensaje de Dios) o también de discursos. Por otro lado, acciones simbólicas (gestos particulares que buscaban transmitir un mensaje) también fueron vehículos de la palabra de Dios. Visto que la actividad profética implicaba hondamente a la persona llamada, en los profetas escritores encontramos, casi como notas de un diario, el relato de experiencias muy personales del profeta en su misión de anuncio del mensaje de Dios.

Profetas mayores y profetas menores

Los libros proféticos del Antiguo Testamento están divididos en dos grandes bloques: profetas mayores (Isaías, Jeremías, Ezequiel y Daniel) y profetas menores (Oseas, Joel, Amós, Abdías, Jonás, Miqueas, Nahúm, Habacuc, Sofonías, Ageo, Zacarías y Malaquías). A estos la tradición ha adjuntado el libro de Baruc, nombre del secretario de Jeremías mencionado varias veces en su libro y el de las Lamentaciones (atribuido al profeta Jeremías). Los adjetivos "mayores/menores", utilizados al parecer desde los tiempos de San Agustín, no indican un valor o importancia superior de los profetas del primer grupo en relación a los del segundo. Estos se usan más bien en relación a la extensión de los escritos (por ejemplo, mientras el libro de Isaías tiene 66 capítulos, el del profeta Miqueas tiene solo siete). Aunque nos referimos a los escritos de los profetas, como "libros", sin embargo, es importante tener en cuenta, que en su mayoría estos escritos son obra de más de un autor. En algunos casos pueden haber sido completados por discípulos de un determinado profeta, quienes tiempos más tarde se preocuparon de transmitir por escrito, la predicación de sus maestros. Los profetas en primer lugar eran hombres del anuncio de la palabra de Dios.

EL CONCEPTO BÍBLICO DE PROFECÍA

Aunque el término "profecía" evoca para muchos la idea de predicción del futuro, en su sentido bíblico, la idea de profecía y profeta, aunque implica también dicha posibilidad, significa algo más hondo y hermoso. El profeta, siendo hombre de la palabra de Dios, era un hombre del presente, de la realidad concreta en la cual vivía. Recibiendo de Dios una especial luz, el profeta era capaz de interpretar la realidad con los criterios justos y por esa razón, de emitir un juicio acertado sobre la realidad que lo circundaba y proyectar su desarrollo en el tiempo. Por ser el hombre de la palabra de Dios, el profeta era el hombre de la verdad que liberta. Su palabra por ello era incómoda, a veces áspera; una voz de denuncia de la injusticia y opresión de los pobres y sencillos. Su predicación era una llamada a la fidelidad a la alianza de Dios, pero también una voz de consuelo y aliento en medio a las diversas vicisitudes que el pueblo de Dios iba experimentando a lo largo de su compleja historia. La palabra profética era especialmente dirigida a los líderes del pueblo, reyes y sacerdotes, cuando estos en sus respectivas funciones obraban injustamente o no era fieles al auténtico culto de Dios. Por eso, el compromiso con la palabra divina muchas veces significó para el profeta el riesgo, incluso de la propia vida, contrariedades y sufrimientos.

PERSPECTIVA HISTÓRICA

Una adecuada interpretación de los profetas, requiere tener en cuenta el contexto histórico en el cual, conforme a ciertos criterios objetivos, pueden ser colocados sus oráculos. En este sentido nos puede ayudar recordar los cuatro períodos principales de la historia de Israel, dentro de los cuales se dio la actividad de los profetas o sus discípulos y la puesta por escrito o edición de su predicación:

1. Reinos de Israel y Judá, antes de la dominación Asiria (siglos XI–IX a.C.)
2. Período de la dominación asiria y conquista del reino del norte, Israel en 721 a.C. (siglo VIII a.C.)
3. Crisis Babilones y exilio del reino del sur (Judá) en 587 a.C. (siglos VII–VI a.C.)
4. Conquista de Babilonia por parte del rey Ciro de Persia y autorización a los judíos de retornar en Judea (siglos VI–V a.C.)

A estos debemos añadir el de la llamada "crisis macabea", que tuvo lugar en la primera mitad del siglo II antes de Cristo (167–160 a.C.). A dicho período, correspondiente a la dominación griega de Israel, y más precisamente Seléucida (dinastía de reyes de Siria fundada por el general Seleuco), parece referirse la segunda parte del libro de Daniel (capítulos 7 a 13). Al morir Alejandro Magno en 323 a.C., su reino en creciente expansión desde 333 a.C., es dividido entre sus principales generales. Inicialmente bajo el dominio de Egipto (dinastía Ptolemaica), Israel y Judea son conquistados en 198 por Antíoco III (Seléucida). Al principio, la situación fue favorable para los judíos y sus prácticas religiosas, pero con Antíoco IV empieza una dura persecución de los judíos celosos, los cuales en fidelidad a la alianza con Dios, se resistían a la helenización (imposición de la lengua, costumbres y creencias de los griegos).

LOS PROFETAS Y EL EXILIO

- Particularmente útil para la comprensión de los profetas es la clasificación de los mismos teniendo como punto de referencia el proceso del exilio de Babilonia. En este sentido podemos distinguir entre profetas "pre-exílicos", es decir, cuya actividad y escritos pueden ser colocados en período anterior al exilio de Babilonia, profetas del período del exilio y profetas posteriores al exilio.
- Al primer grupo pertenecen: Amos y Oseas (activos en el reino del norte, Israel), Isaías (Is 1–39), Miqueas, Habacuc, Sofonías, Nahúm, Jeremías. Al segundo pertenecen Ezequiel y el "Segundo Isaías" (Is 40-55).
- Al tercero el "Tercer Isaías" (56–66), Abdías, Ageo, Zacarías, Malaquías, Joel, Jonás y Baruc. Con Daniel nos encontramos ya en el tardo período helenístico, y más precisamente en el segundo siglo antes de Cristo.

VITALIDAD DE LA PALABRA PROFÉTICA

Los estudiosos acostumbran identificar en los profetas mayores, oráculos pertenecientes a contextos históricos diversos, incluso que van más allá del período en el cual vivió el profeta histórico al cual se atribuyen los textos contenidos en el libro. Como ocurre con respecto a otros escritos del Antiguo Testamento, también en el caso de los profetas y en particular con los profetas de los que nos ocupamos en el presente manual, editores tardíos parecen haber sentido la libertad, siempre bajo la inspiración de Dios, de recolocar ciertos oráculos al interno de las secciones que componen un determinado escrito. Eso hace que en cuanto a ciertos pasajes la cronología se vuelve algo incierta. Un tal proceder, algo extraño y curioso para nuestra mentalidad moderna, en realidad revela la vitalidad de la palabra profética, que va más allá de su contexto original, iluminando ulteriores circunstancias de la historia vivida por el pueblo de Dios. Tal es por ejemplo la situación que encontramos en la profecía de Isaías, de cuyo libro se citan varios oráculos en los evangelios como palabra que interpreta ciertos misterios de la vida de Jesús. Dichos oráculos nos ayudan a una comprensión más honda de la revelación obrada por Dios en Jesucristo, lo que los autores del Nuevo Testamento, llaman "plenitud de los tiempos".

ISAÍAS

Profeta del 8º siglo antes de Cristo. Nació hacia 760 a.C. durante el reinado de Ozías. Al parecer recibió su vocación profética en el templo de Jerusalén, como él mismo afirma, "El año de la muerte del rey Ozías" (Is 6:1). Ejerció su actividad profética durante la creciente amenaza asiria contra Israel y Judá, que llevó a la conquista del reino del norte en 721 a.C. Como atestiguan sus escritos, tuvo una participación activa en los asuntos de su país. Poeta de gran talento y artista de las imágenes, Isaías es el profeta de la fe en el único Dios, marcando profundamente su época y haciendo escuela. El libro que lleva su nombre recibió acrecimos con el pasar del tiempo. Los estudiosos reconocen en él tres grandes partes, convencionalmente llamadas "Primer Isaías" (1—39), "Segundo Isaías" (40—55) y "Tercer Isaías" (56—66). Los oráculos del profeta histórico se concentrarían sobretodo en la primera parte del libro.

JEREMÍAS, BARUC Y LAMENTACIONES

Hacia 650 a.C. nace Jeremías, de familia sacerdotal, en las vecindades de Jerusalén. Su vida y personalidad trasparecen en el escrito que lleva su nombre, por los amplios relatos de carácter autobiográficos (ver por ejemplo, Jr 11:18—12:6; 15:10-21; 17:14-18 entre otros). Llamado por Dios desde muy joven, inicia su actividad profética durante el reinado de Josías (ver Jr 1:2). Presenciará en su vida la ruina del reino del sur (587 a.C.), a pesar de las constantes llamadas de Dios a través de su predicación. Ansioso de paz, no solo fue testigo de muchas luchas durante su vida, sino que sufrió constantes persecuciones de parte del pueblo y las autoridades. Persona sensible, Jeremías sin embargo recibe la ardua misión de "extirpar y destruir, perder y derrocar, reconstruir y plantar" (ver Jr 1:10). Por su pluma nos ha sido transmitida la preciosa promesa de la "nueva Alianza" (ver Jr 31). La tradición le atribuyó la paternidad de la colección poética de las "Lamentaciones". La obra misma, sin embargo, parece atestiguar la composición por mano de otro autor, tiempos después de la destrucción de Jerusalén. El libro de Baruc, que según el libro de Jeremías habría sido secretario del profeta, no se encuentra en el canon hebreo. Al parecer se trata de una composición tardía, bajo el seudónimo de Baruc, que atestigua la vida religiosa de los judíos de la diáspora y sus esperanzas mesiánicas.

EZEQUIEL

Profeta del período del exilio en Babilonia. Al parecer ejerció su actividad en medio de los exiliados entre 593 y 571 a.C. De familia también sacerdotal, la predicación de Ezequiel atestigua una gran preocupación por el templo de Jerusalén, destruido durante la conquista de los babilonios y en cuyas ruinas los habitantes de Jerusalén (pueblos extranjeros en su mayoría), realizaron ritos impuros durante el exilio. Figura de gran carácter, Ezequiel marca su actividad con innúmeros gestos simbólicos, que implicaron al parecer su misma vida personal (ver Ez 4:1—5:4, 21:23s; 37:15s). El pensamiento de Ezequiel entre otras cosas, nos deja la preciosa promesa de la trasformación del corazón como obra de Dios (Ez 11; 36) y una contribución importante en el principio de la retribución individual o de la responsabilidad de cada quién por sus obras (ver Ez 18).

DANIEL

Aunque Daniel se encuentra entre los profetas mayores, la lectura atenta de su libro demuestra que nos encontramos ante un escrito de carácter notablemente diverso al de los profetas mayores. El libro está ante todo marcado por una historia de la corte (Dn 1—6): Daniel y sus tres compañeros se encuentran a servicio del rey de Babilonia. La segunda parte del libro (Dn 7—12) relata una serie de visiones con las cuales Daniel habría sido favorecido y tiene un contenido enigmático y hondamente simbólico. Aunque ambientado en el sexto siglo antes de Cristo, diversos elementos en el libro parecen sugerir una fecha de composición en el tardo periodo griego, más precisamente, durante la así llamada "crisis macabea". Los estudiosos son bastante unánimes en proponer que los personajes implicados en las historias del libro, representan en realidad figuras de dicha crisis presentadas de manera cifrada. El libro al parecer fue escrito con la finalidad de sostener en la fe a los judíos que sufrían la persecución de Antíoco Epífanes (215–164 a.C.). El libro de Daniel, más que representar la verdadera corriente profética, inaugura de modo pleno el género apocalíptico al interno de la tradición bíblica veterotestamentaria. Dios es el verdadero señor de la historia y su reinado se extenderá a todos los pueblos.

LECCIÓN 1
El libro de Isaías (I)
ISAÍAS 1–39

Sucederá en días futuros que el monte de la Casa del SEÑOR será asentado en la cima de los montes y se alzará por encima de las colinas. Confluirán a él todas las naciones, y acudirán pueblos numerosos. Dirán: «Vengan, subamos al monte del SEÑOR, a la Casa del Dios de Jacob» (2:2–3).

Oración inicial (Ver página 14)

Contexto

Parte 1: Isaías 6—9:6. El Señor llama a Isaías para la misión profética. Como parte de su misión, Isaías intenta convencer al rey Ajaz a no pactar con los Asirios contra la amenaza de invasión del reino del norte (Israel, referido como Efraín).

Parte 2: Isaías 9:7—39. El Señor promete la salvación bajo un nuevo rey ideal del linaje de David, para la restauración de Judá. Isaías revela las amenazas del Señor de la destrucción de Asiria, como también una lista de oráculos de destrucción contra otras naciones también. El Señor le advierte a Judá que no se una a Egipto contra los asirios y preanuncia su total destrucción por los babilonios.

Parte 1: Estudio en grupo (Isaías 1—5)

Leer en voz alta Isaías 1—5.

1:1-31 Acusación y purificación

El libro de Isaías comienza con la declaración de una visión con respecto a Judá y Jerusalén. El mismo escritor se identifica como Isaías, cuyo nombre significa "salvación del Señor". El autor fecha su era haciendo referencia a los reyes Ozías, Jotán, Ajaz y Ezequías, de Judá, lo cual fija su ministerio de 742 a 701 a.C. o quizás hasta la muerte de Ezequías en 687 a.C. Durante su vida, Isaías profiere muchos oráculos, los cuales sus seguidores pusieron por escrito. En ellos, el Señor se refiere a su pueblo como a hijos e hijas que, desgraciadamente, se habían rebelado contra Él, a quién el profeta llama "el Santo" y "el Fuerte" de Israel (título que ocurre varias veces en su escrito). Isaías describe la corrupción del pueblo en términos dramáticos.

Alrededor de 701 a.C., aún durante la actividad de Isaías, el poderoso ejército asirio (al que el profeta llama "extranjeros"), inflige graves daños al pueblo de Judá. El profeta describe el suceso haciendo referencia a Sodoma, la cual según el relato bíblico ha sido devorada por el fuego como castigo por sus pecados (ver Gn 19). La "hija de Sión", la gran Jerusalén, ha quedado como "cobertizo en viña, albergue en pepinar, ciudad sitiada" (ver Is 1:8). La villa leal se tornó "adúltera" (lenguaje bíblico para hablar de la idolatría) sus jefes corrompidos, el pueblo honra a Dios solo con los labios y se cometen muchísimas injusticias contra los pequeños. Junto a oráculos de denuncia, sin embargo, el Señor regala al pueblo preciosas promesas de restauración y conversión. El Señor mismo obrará para rebajar el orgullo del hombre.

2:1-22 Paz y Destrucción

El profeta contempla un futuro de gloria para la ciudad santa y el templo (la casa del Señor), lo cual proyecta una superación de la honda crisis a la que se han visto sometidos. La ciudad santa se transforma en un faro para iluminar a todas las naciones. La Ley del Señor será norma para todos los pueblos. El mensaje procedente del "monte del Señor" será un mensaje de paz. Dios pondrá fin a las guerras, anunciado con la imagen de la transformación de las armas (espadas y lanzas), en herramientas para arar el campo. Una vez aceptado el señorío de Dios sobre todos, también las naciones enemigas vendrán al monte de Dios a ofrecerle culto. A este obrar transformador de Dios se le llama "Día del Señor". Ese "día", los pecadores que habían llenado la tierra con sus ídolos sentirán vergüenza por sus acciones e intentarán inútilmente "esconderse" de Dios: su juicio renovador afectará a todos.

3:1—4:6 Juicio contra Judá y Jerusalén

Los oráculos que siguen al parecer se relacionan a las destrucciones obradas por los asirios en 701 a.C. Estos deportarán de la tierra a los líderes del pueblo, conforme a la enumeración de Isaías, "el valiente y el guerrero, el juez y el profeta, el augur y el anciano, el jefe de escuadra y el favorito, el consejero", pero también "el sabio hechicero y el hábil encantador" (ver Is 3:2–3). El pueblo quedará sin sus "cabecillas". Reinarán el caos, la anarquía, el hambre. En aquella situación, sin embargo, Dios bendecirá a los justos y los hará prosperar. El juicio del Señor también se dirige al comportamiento de las mujeres de Jerusalén, al parecer particularmente a las que vivían en opulencia. Con términos que se refieren a la belleza física, el bien vestir y a la fecundidad (la esterilidad era vista en Israel como desgracia), el profeta reta dicho comportamiento. A dichos oráculos de amenaza y castigo, el profeta menciona un "germen del Señor", al parecer refiriéndose a la nueva comunidad de Israel que surgirá de un pequeño "resto" fiel, destinado a la bendición en Jerusalén. El Señor mismo purificará toda suciedad de la ciudad santa, que se hará "toldo y tienda, para asombra contra el calor diurno y abrigo y reparo contra el aguacero y lluvia" (Is 4:5–6). La acción de Dios se describe en términos que recuerdan la presencia y acción de Dios durante el Éxodo de Egipto (ver Ex 13:21–22).

5:1–30 El cántico de la viña

La siguiente sección del libro recalca la denuncia que el profeta ha hecho en los capítulos anteriores, a través de la comparación con una viña plantada en terreno fértil, cultivado y protegido. Israel es la viña fecunda que el Señor, amigo del pueblo, había plantado en terreno fértil y al cual había cercado de cuidados sin fin. La comparación evoca la tradición que leemos en el Salmo 80: "De Egipto arrancaste una viña, expulsaste pueblos para plantarla" (Sl

80:9). El pueblo que abandona a Dios es semejante a una viña despojada de cercado, que queda al asecho de la devastación. Jesús parece hacer eco de dicha tradición profética en su enseñanza de Jn 15.

En el siguiente segmento, el profeta complementa la imagen de la devastación de la viña, con oráculos de amenaza que empiezan con la interjección, "Ay de...", que denuncian los fraudes, la perversión y los desenfrenos. Dichos oráculos, enfatizan la gravedad del pecado del pueblo, sintetizado por el profeta como rechazo de la enseñanza del Señor y desprecio del Santo de Israel (Is 5:24).

Preguntas de repaso

1. En pocas palabras, ¿cuál es el contenido del litigio del Señor contra su pueblo en Is 1?
2. ¿Qué mensaje de esperanza anuncia Isaías en el capítulo 2?
3. ¿Cuáles son los pecados de Judá que Isaías denuncia en los capítulos 3-4?
4. ¿Cuál es el mensaje principal de la comparación de la viña (Is 5)?

Oración final (ver página 15)

Hacer la oración final ahora o después de la *Lectio divina*.

Lectio divina (ver página 8)

Relaje su cuerpo y mantenga una postura de oración (espalda recta, ojos cerrados, pies en el piso). Puede tomar todo el tiempo que usted quiera en hacer este ejercicio, pero se considera que para fines de este estudio bíblico, de 10 a 20 minutos es suficiente.

Las meditaciones que se proporcionan a continuación tienen como finalidad simplemente ayudar a los participantes del grupo a utilizar esta forma de oración, pero tenga en cuenta que la *Lectio divina* tiene como finalidad el llevar a la persona a la contemplación orante, donde la Palabra de Dios hable al corazón.

Acusación y purificación (1:1–31)

Los oráculos de denuncia y acusación que el profeta profiere a Israel son una llamada de atención, una sacudida de conciencia, una apelo a la conversión y al arrepentimiento. A aquellos les siguen siempre anuncios de perdón, purificación y gracia. El Dios vivo desea que tengamos vida en plenitud. Dicha plenitud implica el abandono de nuestras incoherencias. Muchas personas que profesan ser cristianas luego se permiten comportamientos de injusticia y la explotación de otros. El auténtico culto a Dios siempre conlleva un compromiso sincero con la caridad y la misericordia, empezando con los que nos son más cercanos.

✠ ¿Qué más podemos aprender de este pasaje?

Paz y destrucción (2:1–22)

La vida ideal sería aquella en la que el amor al prójimo, la apertura y acogida de todos, la confianza y el respeto, reinaran a todos los niveles de relacionamiento. Según Isaías, serían una vida y un mundo donde las armas se transformarían en instrumentos de trabajo y progreso para todos. El Señor nos invita a esforzarnos constantemente para alcanzar tal ideal y dejarnos motivar por él. Aunque no es posible realizarlo en plenitud en esta vida por nuestras muchas fragilidades, sin embargo, el esfuerzo continuado nos acerca siempre más a él, pues el Señor no deja de ayudarnos con su gracia.

✠ ¿Qué más podemos aprender de este pasaje?

Juicio contra Judá y Jerusalén (3:1—4:6)

Esta sección de Isaías nos advierte que arriesgamos nuestra libertad. El ser verdaderamente libre conlleva la posibilidad del error y del fracaso. La historia sagrada continuamente da testimonio de esta realidad. Por ello, nuestra libertad es una llamada permanente a la responsabilidad. Pero si es verdad que el Señor respeta nuestra libertad, es también verdad que Dios no desiste de nosotros y por boca de los profetas de ayer y de hoy, no llama una y otra vez a volver y a empezar de nuevo. Con su ayuda siempre lo podremos.

✠ ¿Qué más podemos aprender de este pasaje?

La canción de la viña (5:1–30)

La imagen de la viña utilizada por Isaías nos recuerda que somos propiedad del Señor y que el Señor espera frutos de nosotros. En su comparación, Isaías recuerda al pueblo que se alejó del Señor y abandonó sus caminos y que, en aquella situación se quedó expuesto a los más grandes peligros y corrió el riesgo de la destrucción. Sin Dios, no se puede dar buenos frutos. En el Nuevo testamento, posiblemente inspirado por la comparación del profeta, Jesús reafirma dicha enseñanza, invitándonos a permanecer unidos a Él, para que nuestra vida de discípulos produzca abundantes frutos que perduran (Jn 15:4-5).

✠ ¿Qué más podemos aprender de este pasaje?

PARTE 2: ESTUDIO EN GRUPO (ISAÍAS 6—9:6)

Leer en voz alta Isaías 6—9.

6:1-13 La misión de Isaías

En el año de la muerte del rey Ozías (en torno al 740 a.C.), Isaías recibe su llamada en el Templo de Jerusalén como profeta del Señor, descrita en términos de una visión de Dios. El Señor se le presenta como un soberano sentado en un trono rodeado de ángeles ("serafines") sus mensajeros y servidores. A la aclamación de uno de ellos, la gloria de Dios se manifiesta por medio de un temblor y el humo que llena el recinto sagrado (ver Ex 40:34). Isaías reconoce que es hombre de labios impuros y que vive en medio de un pueblo también de labios impuros. Un serafín entonces se le acerca, le "toca" con una brasa tomada de sobre el altar y declara haberlos purificado. El tema de la santidad de Dios será central en la predicación de Isaías. La santidad de Dios le exige al hombre que sea él también santo, que el lenguaje del antiguo Testamento significa la separación (de lo profano), la limpieza de pecado y la participación de la "justicia" de Dios. El Señor entonces dice: "¿A quién enviaré?, ¿y quién irá de parte nuestra?" Conmovido por la intervención de Dios a su favor, Isaías responde: "Heme aquí: envíame" (6:8). Y le es comisionada una misión en términos un tanto enigmáticos: anunciar al pueblo su respuesta negativa. De hecho, el pueblo no hará caso a la llamada de Dios (ver Is 6:9-13).

7:1-25 El Emanuel

Isaías recibe una misión especial durante el reinado de Ajaz, que reinó sobre Judá de 735 a 715 a.C. Los asirios se habían fortalecido y amenazaban invadir el reino del norte y su aliado, Siria. Los reyes de ambos reinos intentan convencer a Ajaz que se una a ellos contra la nación amenazante. El rechazo de Ajaz resulta en un ataque de los dos reyes aliados contra Judá, con la intención de quitarle el trono y darlo a un rey que se juntara a ellos contra Asiria. Dicho conflicto se conoció como la "guerra Siro-Efraimita". Isaías con frecuencia se referirá al reino del norte, Israel, con el nombre de Efraím, la tribu más importante de aquel reino.

El Señor envía a Isaías, acompañado de su hijo "Sear Yasub" (nombre que significa en hebreo "un resto volverá"), para comunicarle un mensaje a Ajaz. El profeta anuncia que los reinos de Aram (Siria) y Efraím serán conquistados. Isaías entonces le dice a Ajaz que le pida una señal a Dios de que Judá no será totalmente destruida. Al rehusarse a pedirla, el Señor mismo se lo comunica por medio de Isaías. Este es el conocido oráculo sobre el Emanuel (Is 7:14). El oráculo anuncia un hijo a nacer de Ajaz, signo tangible de que la dinastía davídica no terminaría con él. El niño se alimentaría de "leche y miel", al parecer refiriéndose a la única comida disponible para los que quedaran en la asolada tierra. La tradición cristiana referirá dicho oráculo en el contexto del anuncio de la concepción de Jesús, siguiendo la traducción griega de Isaías, que menciona a una "virgen" y no a una doncella (como el texto hebreo) como madre del Emanuel (ver Mt 1:22-23). El rey de Asiria capturará y destruirá el reino del norte y luego saqueará las ciudades de Judá. En lugar de confiar plenamente en el Señor, Ajaz pidió ayuda a los asirios contra Israel y Siria. Por eso Isaías le anuncia a Judá una gran devastación, peor que la que ocurrió durante la división del reino davídico (ver 1 Re 12). Además de Asiria que vino del norte, Egipto atacó desde el sur. Los sobrevivientes de dicha catástrofe, vivirán en extrema pobreza; cardos y espinas cubrirán las viñas que una vez enriquecieron al pueblo.

8:1–22 Luz y tinieblas

Isaías profetiza otro hijo, a quién el Señor le dice que le ponga el simbólico nombre de "Maher-Salal-Jas-Baz", cuyo significado parece ser el de "rápido botín, veloz saqueo". Antes que el niño empiece a hablar, los asirios habrán saqueado y destruido el reino del norte. A seguir, Isaías pronuncia otro oráculo lleno de simbolismo comparando al Señor con la fuente de Siloé, que le proveyó agua al pueblo de Judá durante el cerco de los asirios, y que el pueblo había rechazado. La invasión de los asirios es simbolizada por la inundación del "gran río" (referencia al Éufrates), cuyas "aguas" (poder y auxilio) el rey había buscado y a lo cual Isaías y sus seguidores se habían opuesto. A seguir Isaías habla de su misión en términos un tanto misteriosos. El profeta debe oponerse al comportamiento pervertido del pueblo en nombre del Señor y ante las adversidades, confiar solamente en Él. La situación de devastación en la que se encontrará el reino del norte, es comparada a densas tinieblas. Pero una vez más, en medio de toda oscuridad, el Señor anunciará una luz.

8:23—9:6 Salvación bajo un nuevo rey davídico

La "tierra de Zebulón y Neftalí", en el norte de Israel, sufre grandes destrucciones con la invasión de los asirios. El camino hacia el mediterráneo se había convertido en una provincia de dicha nación. Sin embargo, el profeta anuncia que dicha área devastada volverá a ver una gran luz. El Señor mismo le traería una razón para el gozo, semejante al que se experimenta en la cosecha; el yugo asirio terminará, el opresor se verá oprimido, como "en los días de Madián" (al parecer refiriéndose a Jueces 6-7, cuando Gedeón y su pequeño ejército derrotan aquella nación con la ayuda del Señor). Isaías declara que un hijo ha nacido, cuyos hombros "cargan el dominio" (al parecer imagen de la inauguración de un nuevo monarca). Dicho oráculo históricamente parece referirse a Ezequías, hijo de Ajaz, a quién Isaías nutre de grandes esperanzas. A él parece referirse el oráculo del Emanuel. Los nombres, "Maravilla de Consejero, Dios Fuerte, Siempre Padre, Príncipe de Paz", indican los beneficios de su reinado.

Preguntas de repaso

1. ¿Qué mensaje podemos sacar del relato de la vocación de Isaías?
2. ¿Cómo puede ser entendida la misión de Isaías?
3. ¿Qué quiere indicar Isaías con el nombre de "Emmanuel"?
4. ¿Quién es el "niño que nos ha nacido" al que el oráculo se refiere en su contexto histórico?

Oración final (ver página 15)

Hacer la oración final ahora o después de la *Lectio divina*.

Lectio divina (ver página 8)

Relaje su cuerpo y mantenga una postura de oración (espalda recta, ojos cerrados, pies en el piso). Puede tomar todo el tiempo que usted quiera en hacer este ejercicio, pero se considera que para fines de este estudio bíblico, de 10 a 20 minutos es suficiente.

Las meditaciones que se proporcionan a continuación tienen como finalidad simplemente ayudar a los participantes del grupo a utilizar esta forma de oración, pero tenga en cuenta que la *Lectio divina* tiene como finalidad el llevar a la persona a la contemplación orante, donde la Palabra de Dios hable al corazón.

La misión de Isaías (6:1–13)

Isaías experimentó la presencia de Dios de una manera profunda. El Señor le purificó y le invitó a ser mediador de su palabra. Jesús dijo a sus discípulos, "No me han elegido ustedes a mí, sino que yo los he elegido a ustedes". En el sacramento del bautismo, el Señor tocó nuestros corazones con la brasa ardiente de su amor y de su poder, y nos llamó a ser sus seguidores. A nosotros también nos envía a ser testigos de la vida nueva, de la alegría del evangelio, de su precepto central: el amor misericordioso.

✠   ¿Qué más podemos aprender de este pasaje?

El Emanuel (7:1-25)

La promesa del "Emanuel" nos recuerda la hermosa verdad de nuestra fe: Dios está con nosotros. "Si Dios es por nosotros", escribirá San Pablo, "¿quién será contra nosotros?" Y Jesús antes de volver al Padre nos dirá: "He aquí que estoy con ustedes todos los días, hasta el fin de los tiempos".

✠   ¿Qué más podemos aprender de este pasaje?

Luz y tinieblas (8:1–22)

La lejanía de Dios genera tinieblas y significa caminar a oscuras. Muchas veces, motivados por el orgullo o las desilusiones, algunos le dan la espalda a Dios. Eso significa inmediatamente exponerse de lleno a la fragilidad humana. Tantas veces, los acontecimientos negativos de la vida llevan a las personas a culpar a Dios. La Palabra de Dios por el contrario nos invita más bien a ponderar y asumir nuestra responsabilidad en ellos y a volver a la luz.

✠   ¿Qué más podemos aprender de este pasaje?

8:23—9:6 Salvación bajo un nuevo rey davídico

La tierra de Zebulón y Neftalí, en Galilea, conoció de nuevo la luz en los beneficios que el nuevo rey davídico trajo a la tierra prometida, al parecer, aún en tiempos de Isaías. El conocido oráculo de Isaías sobre el pueblo que andaba en tinieblas lo leemos cada año en la liturgia de la noche de navidad. Con eso la Iglesia afirma, según la interpretación de Mateo (ver Mt 4:12–17), que el cumplimiento pleno de dicho oráculo, de hecho, tuvo lugar cuando Aquél que dijo "Yo soy la luz del mundo", Jesús, escogió dicha región para vivir y a la cual, de un modo especial, le regaló su buena nueva de amor y misericordia.

✠ ¿Qué más podemos aprender de este pasaje?

PARTE 3: ESTUDIO INDIVIDUAL (ISAÍAS 9:7—39)

Día 1: La arrogante Asiria y la salvación de Israel (9:7—12:6)

Isaías sigue con el anuncio de la palabra del Señor a los del reino del norte (que Isaías llama "Israel", "Efraín" o "aquellos que habitan en Samaria"). El pueblo sin embargo se resiste a la conversión y responde con arrogancia y vanas esperanzas. El Señor les privará de sus "cabezas" (nobles y ancianos) y sus "colas" (falsos profetas). Las tribus del norte se devorarán unas a otras por la guerra. Sus injusticias les acarreará una punición eminente con la invasión asiria, que será como una vara de castigo de los israelitas rebeldes. Jerusalén también recibe palabras de amenaza, pues tampoco se encuentra exenta de la idolatría. Asiria, que con orgullo y arrogancia se jacta de conquistar naciones como alguien que se roba un huevo en nido sin protección, no se da cuenta de que es instrumento del justo juicio de Dios. En "un solo día", el Señor, el Santo, la luz de Israel, se hará llama que consume y aniquila su soberbia.

La justicia de Dios permite la destrucción de muchos del Israel rebelde. Aunque Israel se había hecho nación numerosa como la arena del mar, solamente un resto quedará para volver a la tierra. El Señor invita al pueblo de Sión, a quién la amenaza asiria amedranta, a confiar en Él. El Señor de los ejércitos despertará contra aquella nación el azote de su ira. En aquél día, el yugo que atenaza al resto de los israelitas, será arrancado y roto. Del tronco de Jesé (padre de David), brotará un "vástago" (un nuevo descendiente) que será lleno del espíritu del Señor, espíritu de sabiduría e inteligencia, consejo y fortaleza, espíritu de temor del Señor. Obrará con justicia y rectitud. Isaías dibuja el ideal de los tiempos de paz bajo la guía de nuevo rey davídico, con las imágenes de los animales naturalmente rivales viviendo en harmonía. El Señor reclamará al resto de su pueblo, dispersado por los invasores por los cuatro cantos de la tierra. La rivalidad entre Judá y Efraín cesará y su reforzada cohesión interna les permitirá luchar unidos contra los pueblos agresores: filisteos al oeste, árabes al este y a los pueblos de Edom, Moab y Amón, históricos enemigos de Israel. La salvación del pueblo se describe con imágenes del gran acontecimiento del Éxodo. El día de su liberación, el pueblo proclamará que el Señor es su salvación y quién los llena de confianza y valor. Sión ensalzará con alegres alabanzas al Santo de Israel.

Lectio divina

Pase de 8 a 10 minutos en contemplación silenciosa del siguiente pasaje:

No obstante los continuos pecados del pueblo, el Señor siempre viene en su ayuda cuando se dispone a volver a la alianza. La experiencia de nuestra fragilidad y pecado son siempre una oportunidad de oro para volvernos más a Dios. No importa la distancia de nuestro alejamiento. Si abrimos las puertas de nuestra vida con humildad y confianza, el Señor siempre nos ayudará a reconstruir nuestra historia.

✠ ¿Qué más podemos aprender de este pasaje?

Día 2: Oráculos contra las naciones (13—23)

Los capítulos 13 al 23 contienen nueve oráculos contra naciones extranjeras, entre ellas Babilonia. Debemos notar que el poder de Babilonia no alcanza su expresión durante la vida de Isaías, por lo cual, dichos oráculos, parecen provenir más bien de alguien de su escuela. El primer oráculo en el capítulo 13 concierne precisamente a Babilonia. Un gran ejército extranjero entrará por sus puertas y la destrucción de la gran potencia es descrita en términos de un gran abalo cósmico. Todo el que sea descubierto perecerá por la espada. El gran destructor se identifica como los medos. De hecho, en tiempos muy posteriores a los del Isaías histórico, dicho pueblo unido a Ciro de Persia, derrotará a los babilonios. La gran Babilonia será aniquilada como Sodoma y Gomorra.

El capítulo 14 empieza hablando del regreso del pueblo de Judá e Israel a la tierra prometida. Sheol, lugar de los muertos, espera la llegada de los babilonios: toda su pompa y esplendor bajará con ellos. El rey de Babilonia caerá como una estrella brillante que cae del cielo. El año de la muerte del rey Ajaz, vino un oráculo del Señor contra Filistea a no regocijarse por quedarse sin la "vara" que la hería (refiriéndose al parecer a la muerte del rey de Asiria), pues otro rey surgirá en su lugar y su destrucción será aún más grande.

Los capítulos 15 y 16 contienen oráculos con respecto a Moab. Los moabitas habían sufrido varios desastres naturales y también invasiones. A causa de ellos, Moab celebraba un público luto. El Señor invita a Israel a no rechazar a los moabitas que procurarían refugio entre ellos. El Señor lamenta el llanto de Moab, que ora a ídolos sordos que no les pueden ayudar. Los oráculos del capítulo 17, anuncian la destrucción de Damasco, capital de Aram (actual Siria). Los que intentaren cosechar el resto de sus campos, no encontrarán casi nada. Las necesidades del pueblo le harán volverse al Dios de Israel y no a sus ídolos. El capítulo 18 anuncia destrucciones en la tierra de Etiopía, que también llevará a su pueblo a procurar al Señor.

El capítulo 19 trata de los egipcios porque en la época del Éxodo, diversas calamidades afligirán aquella tierra. Conflictos internos arruinarán la nación y el yugo asirio también pesará sobre ella. Un altar al Señor de los Ejércitos ocupará el centro del país como Su señal y testimonio. Si el pueblo se volviese al Señor, el Señor les sería propicio y les curaría. El año de la conquista de Asdod, ciudad filistea, por parte del rey Sargón de Asiria, el Señor le pidió a Isaías que realizara un gesto simbólico (capítulo 20). El Señor le dice que "ande desnudo y descalzo", lo cual él hizo por tres años, para significar la suerte de Egipto y Etiopía y servir de señal al rey Ezequías a que no se una en rebelión contra Asiria. En una batalla posterior, el general asirio de hecho forzó a egipcios y etíopes cautivos a caminar desnudos al destierro. El capítulo 21 parece referirse a una fecha inmediatamente anterior o posterior a la caída de Babilonia en 539 a.C. Elam y Media se unen a Ciro de Persia y marchan bajo su liderazgo contra los babilonios, cuya caída es anunciada en términos triunfantes. A esto le sigue el oráculo contra Arabia, cuyos fugitivos de la destrucción suplican agua y pan.

El capítulo 22 habla de un oráculo en el "Valle de la Visión" al oeste de

Jerusalén. El Señor está furioso y entristecido por las acciones del pueblo de Jerusalén. Sus soldados huyeron, pero fueron capturados lejos de la ciudad. Lleno de miedo, el pueblo de Jerusalén le pide ayuda a otras naciones, olvidándose de recurrir al Señor, a quien le desagradan profundamente las palabras de desesperanza, "comamos y bebamos que mañana moriremos". El Señor también pronuncia un oráculo contra Sobná, mayordomo del palacio real que había construido una gloriosa tumba para sí pero que la utilizaría otro. El Señor nombrará a Eliaquín en su lugar. Pero este también sucumbirá. Finalmente, el capítulo 23 trata de la destrucción de Tiro y Sidón por parte de los asirios (en torno al 701 a.C.). Tiro se había hecho rico por su puerto, marineros y mercaderes y con el tiempo, Tiro volvería a comerciar.

Lectio divina

Pase de 8 a 10 minutos en contemplación silenciosa del siguiente pasaje:

La sección de los "oráculos contra las naciones" nos enseña entre otras verdades que Dios es Señor de la historia. Todos los pueblos de la tierra están bajo el dominio del único Dios vivo, el Dios que quiere el bien de todos. Sin embargo, en el camino del pueblo elegido, dicha enseñanza solo será plenamente comprendida al tiempo del Nuevo Testamento. Dicha sección de la enseñanza profética también subraya la misericordia como atributo supremo del Dios de Israel. Considerando el desdoblar de la historia de su nación y también de las naciones a su alrededor, Isaías comprende que el Señor realmente sabe compaginar las frágiles libertades humanas, tan falibles, para de todo hacer una llamada al bien.

✠ ¿Qué más podemos aprender de este pasaje?

Día 3: El apocalipsis de Isaías (24—27)

Los capítulos 24 al 27 de Isaías, más allá de los acontecimientos, contemplan un juicio definitivo de Dios. Dicho tema se presenta con descripciones poéticas intercaladas con salmos de súplica o acción de gracias. Por su modo de expresión esta sección de Isaías ha sido intitulada "Apocalipsis", una vez que su contenido anticipa rasgos de la literatura apocalíptica, cuyo contenido se articula en torno al tema del juicio de Dios. Dichos rasgos parecen sugerir que en su forma actual dichos capítulos resultan de ediciones tardías del libro. Aunque quizás no nos resulte del todo comprensible, dicho fenómeno algo generalizado en la literatura bíblica permite explicar el por qué de las diferencias de estilo que encontramos en la obra de un mismo libro bíblico (en este caso, de Isaías) y manifiesta la vitalidad de la palabra inspirada.

En el capítulo 24, Isaías trata el tema del juicio definitivo de Dios con la imagen de la devastación de la tierra, que lleva a la dispersión de sus habitantes. El pueblo es castigado por sus pecados contra la alianza, evocada con referencias a la historia de Noé. Solamente un pequeño grupo salvado de la gran devastación, cantará alabanzas al Señor desde los confines de la tierra. El Señor volverá a reinar desde el monte de Sión y de Jerusalén. En el capítulo 25, el profeta alaba a Dios por cumplir su antigua promesa de destrucción de una nación enemiga. En el monte Sión Dios realizará un gran banquete para todos los pueblos. La imagen del banquete en el lenguaje bíblico se refiere a los tiempos mesiánicos, el tiempo de la alegría por la salvación de Dios.

El capítulo 26 es un salmo de alabanza a la "ciudad fuerte", Jerusalén, la cual el Señor protege con "muros y antemuros". Las puertas de la ciudad se abren para acoger a los que vuelven al Señor. El pueblo de Israel sufrirá como una mujer con dolores de parto, pero que solo da a luz el viento, es decir, nada. El Señor resucitará a los muertos de su pueblo y los renacidos serán un nuevo comienzo. Finalmente, en el capítulo 27, Isaías recuenta que el Señor castigará al mítico dragón de los mares, Leviatán, símbolo de las fuerzas del mal. Una vez más aparece la imagen de Israel como viña escogida, de la cual el Señor espera frutos. Israel expiará su culpa destruyendo sus altares e ídolos. El Señor se levantará contra las naciones opresoras y reunirá de nuevo a los dispersos de su pueblo, como un agricultor recoge su cosecha. El pueblo volverá a dar culto a Dios en su santo monte, en Jerusalén.

Lectio divina

Pase de 8 a 10 minutos en contemplación silenciosa del siguiente pasaje:

El cifrado lenguaje "apocalíptico" es un recurso retórico que, al insistir sobre el juicio de Dios, más que llevar al temor, busca mover las voluntades a la conversión y a un renovado compromiso y responsabilidad. Con Dios, a pesar de todas las calamidades que puedan sobrevenir al pueblo por su abandono a la alianza, hay siempre posibilidad de un renacer, de un empezar de nuevo. Para esto es importante escuchar las continuas llamadas de Dios, que nos llegan en medio de todos los acontecimientos de nuestra historia. El renovado descubrimiento de la llamada de Dios ayuda a madurar la fe y fortalece la esperanza.

✠ ¿Qué más podemos aprender de este pasaje?

Día 4: Salvación para Israel y Judá (28—35)

Las siguientes dos secciones de Isaías tratan de una serie de poemas acerca de Israel y Judá. En el capítulo 28, el profeta habla poéticamente contra el reino del norte. Samaría, capital de Efraín, se asentaba sobre un monte de Israel como una guirnalda en la cabeza de una persona. Sin embargo, el pueblo de Samaría abandonó al Señor, Dios de Israel. El Señor enviará a "uno, fuerte y robusto" (28:2), los asirios que, como una granizada y huracán devastador, destruirán a Efraín. El Señor protegerá a un pequeño resto durante la invasión. El profeta a seguir se vuelve al reino del sur, particularmente a sus sacerdotes y profetas, que se encuentran confundidos como personas dominadas por la bebida, incapaces de discernir correctamente. Ridiculizan a Isaías como balbuciente y tonto. El Señor les hablará con lenguaje que no entienden, con el lenguaje de los asirios. Las palabras que el profeta incluye, aunque tienen un significado preciso ("orden sobre orden…medida sobre medida…un poco acá otro más allá"), al parecer han sido escogidas como recurso retórico por su sonoridad. El Señor confundirá a los que se dicen profetas y realmente no lo son. Isaías declara que la decisión de los jefes de Judá de hacer alianza con Egipto contra Asiria, es un pacto con la muerte. El Señor fortalece a Sión, pero no es reconocido.

A seguir el Señor declara que "Ariel", nombre simbólico para Jerusalén, será capturada como lo hizo David en su época (Is 29; ver 2 Sam 5:6-9). El pueblo honra a Dios solo con los labios, pero sus corazones están lejos del Señor. Aunque intentan ocultar sus intenciones, señal de perversión, el Señor las ve. El día de la redención del Señor vendrá, sin importar la resistencia de Israel. Ese día, los sordos oirán, los ciegos volverán a ver, los pobres se alegrarán en el Señor.

El capítulo 30 vuelve a presentar oráculos contra las naciones que tuvieron que ver con los varios conflictos que implicaron la potente Asiria, particularmente a Egipto a quién Judá pidió ayuda sin tener éxito. El Señor ordena al profeta que trasmita la testarudez del pueblo, su rebeldía y su resistencia a la conversión. Dicho comportamiento es como brecha en muralla, es decir, puerta de acceso a los enemigos. Pero el Señor esperará el momento de poder mostrar su gracia y compasión (Is 30:18-26). Egipto es un hombre y no un dios. Si se vuelven al Señor, podrán contar con su poderosa protección (capítulo 31). El capítulo 32 habla de un rey davídico y príncipes que gobernarán con justicia y derecho, y protegerán al pueblo en nombre del Señor. Sigue una admonición a las mujeres complacientes y soberbias de Jerusalén. Serán confundidas como cosecha arruinada, hasta que el Señor derrame su espíritu sobre los habitantes de Judá y Jerusalén. Entonces reinará el derecho y la justicia, cuyo fruto será la paz.

Los capítulos 33 a 35, cantan a la salvación esperada, pidiendo la misericordia del Señor para los que esperan en Él. Isaías anuncia un futuro de bendiciones para Israel. Los enemigos históricos del pueblo tendrán su castigo. Un gran rey surgirá. Sión será entonces lugar de fiestas y celebración. El Señor estará en medio de su pueblo. Será su juez, legislador, rey y salvador.

Lectio divina

Pase de 8 a 10 minutos en contemplación silenciosa del siguiente pasaje:

Una vez más la articulación de los oráculos de Isaías incluyen palabras de amenaza, para llamar a la conversión, y promesas de esperanza. La búsqueda de seguridades humanas puede llevar a olvidar la presencia y protección del Señor. El profeta insiste en que el Dios fiel no dejará de ayudar a su pueblo si se vuelven a Él. La consideración de la historia del obrar de Dios, conforme a la interpretación de la palabra profética, nos lleva a renovar la confianza y la esperanza, particularmente a nosotros que vivimos en la plenitud de los tiempos. En Cristo, Dios selló una alianza nueva y eterna con nosotros. Él es el "Emanuel" para siempre.

✠ ¿Qué más podemos aprender de este pasaje?

Día 5: Apéndices históricos (36—39)

Con excepción del capítulo 38:9-20 y alguna otra adición y omisión, esta sección de Isaías sigue muy de cerca a la situación referida en el segundo libro de los Reyes (ver 2 Reyes 18:13—20:19). En el décimo cuarto año del rey Ezequías, Senaquerib, rey de Asiria, capturó muchas ciudades fortificadas de Judá. Envió a un oficial suyo a hablar con el rey en Jerusalén, que los asirios no habían aún conquistado. El comandante asirio se burla de Ezequías por su tentativa alianza con Egipto. Le dice además que perdió la protección de los dioses cuando sancionó la destrucción de sus altares en Judá. El rey quería que fuera Jerusalén fuera el único el santuario del Señor en la tierra. El rey de Asiria afirma contar con el apoyo del Señor, Dios de Israel, como un dios entre otros. Su comandante le dice al pueblo que no escuche a Ezequías, porque lo engañaba diciendo que el Señor le daría la victoria deseada. Y urge a los Israelitas a entregarse a ellos, prometiéndoles agua y comida. El rey de Asiria los conduciría a una tierra buena. El pueblo permanece en silencio como le había ordenado el rey.

Cuando la gente del rey de Asiria se marchó, Ezequías le envía un mensaje a Isaías sobre la desgracia que está por caer sobre Jerusalén por manos de Asiria. Isaías le manda decir a Ezequías que no tema. El rey le suplica al Señor, creador y rey de todas las naciones, que los salve. Isaías le trasmite al rey la respuesta del Señor a su oración. El Señor mismo forzará a los asirios a regresar a su tierra sin haber conquistado a Jerusalén. Aquella misma noche, el ángel del Señor dio muerte a ciento ochenta y cinco mil hombres del ejército asirio. Algunos comentadores interpretan la expresión "ángel del Señor" como una peste que castigó al ejército asirio. Senaquerib regresa a su tierra y uno de sus hijos lo asesina cuando al prestar culto en el templo de su dios. En el capítulo 38, el rey Ezequías está a punto de morir y suplica con llantos al Señor que lo cure. Isaías le comunica que el Señor le va a dar quince años más de vida. Cuando la noticia de la recuperación de Ezequías llegó a Jerusalén por medio de un enviado del rey de Babilonia. Queriendo complacer al rey de Babilonia, el rey muestra al enviado los tesoros de Jerusalén. Al enterarse de eso, Isaías le dice a Ezequías que un día los tesoros serán llevados a Babilonia, juntamente con descendientes del rey, quiénes se convertirán en empleados del rey de aquella nación.

Lectio divina

Pase de 8 a 10 minutos en contemplación silenciosa del siguiente pasaje: El Señor había traído la victoria sobre los asirios y Ezequías se gloria de sus riquezas, como si por su propia fuerza, sin la ayuda del Señor, hubiese venido dicha victoria. Además, el Señor había añadido otro beneficio, personal al rey, al restituirle la salud y prolongarle la vida. A pesar de los patentes beneficios de Dios, el rey sucumbe a la vanidad humana. Dicha tentación asecha también nuestras vidas. Debemos ser vigilantes y no cansarnos de alabar a Dios y agradecerle sus beneficios. ¡Cuántos en la prosperidad olvidan y hasta abandonan al Señor que tantos los había bendecido!

✠ ¿Qué más podemos aprender de este pasaje?

Preguntas de repaso

1. ¿Por qué el Señor se "enoja" con Asiria después de haber dicho por boca del profeta que esta había sido una "vara de punición" para el pueblo de Israel?
2. ¿Por qué permite el Señor que Israel y Judá padezcan tantas adversidades?
3. ¿Qué representaba la petición de ayuda a Egipto por parte de Judá?
4. ¿Qué revelan los muchos oráculos de amenaza de la predicación de Isaías?

LECCIÓN 2
El libro de Isaías (II)
ISAÍAS 40—55

He aquí mi siervo a quien yo sostengo, mi elegido en quien se complace mi alma. He puesto mi espíritu sobre él: dictará ley a las naciones (42:1).

Oración inicial (Ver página 14)

Contexto

Parte 1: Isaías 40—45. El capítulo 40 de Isaías abre el así llamado "libro de la consolación de Israel". El Señor consuela a su pueblo con la salvación y le invita de modo especial a la confianza y la esperanza. La salvación de Dios se describe en términos de un nuevo éxodo. Con palabras llenas de cariño el Señor invita a su pueblo a renovar su vocación de pueblo de la alianza. El Señor es el Dios fiel. Surge en el panorama un "ungido", Ciro de Persia, a través del cual el Señor realiza la salvación prometida a su pueblo de una manera especial.

Parte 2: Isaías 46—55. La caída de la potente Babilonia manifiesta un juicio de Dios sobre la nación agresora. Como una madre que no olvida a sus hijos, el Señor se apiada de Israel y le invita a volver a la tierra prometida. Jerusalén de nuevo se viste de gala. A través de Israel la salvación de Dios debe llegar hasta los confines de la tierra.

Parte 1: Estudio en grupo (Isaías 40—45)

Leer en voz alta Isaías 40—45.

40:1–31 Consolación y salvación

Con el capítulo 40 entramos en la segunda parte del libro de Isaías que va hasta el capítulo 55. Es notable el cambio de tono en los oráculos que siguen. El contexto histórico de los mismos se refiere a un tiempo bastante posterior al que vivió Isaías. Nos encontramos ya en el sexto siglo antes de Cristo y no más en el octavo. Los oráculos de esta nueva sección presuponen el contexto histórico no solo del exilio con la previa conquista de Jerusalén y Judá por parte de los babilonios, con la deportación de los jefes y gran parte del pueblo del reino del sur, sino con los inicios del retorno. Ciro de Persia conquista el gran imperio babilonio y autoriza la liberación de los judíos cautivos y su regreso a Israel.

La sección comienza con las palabras "consolad" a mi pueblo. El Señor le anuncia una buena nueva de paz a su pueblo. Su culpa ha sido expiada. Que se abra un camino en el desierto para que el pueblo vuelva seguro a la tierra. Babilonia ha sido como la hierba que seca y la flor que se marchita. La palabra de Dios permanece para siempre. El Señor reúne a su pueblo como un pastor a su rebaño. Los juicios del Señor son insondables. Su dominio se extiende a todos los confines de la tierra.

41:1–29 La liberación de Israel

Del oriente surge un campeón de la justicia en el líder Persa (nombrado explícitamente más adelante). Él lucha sin bajas y se mueve velozmente. Aunque los pueblos de la costa temen el avance de un nuevo ejército poderoso, los israelitas no tienen nada que temer: el Señor está con ellos. Les tomará por la mano y los guiará a la liberación prometida. El Santo de Israel redimirá a la descendencia de Jacob, que encontrará nueva vida en la tierra. El Señor reta a los falsos dioses a anunciar el futuro o hacer algo que lleve a la gente a reverenciarlos Los dioses paganos son vacíos, viento, nada; los que los escogen se hacen una abominación ante el Señor.

42:1–25 El siervo del Señor

En el capítulo 42 encontramos el primero de cuatro cantos a un siervo del Señor en esta sección del libro de Isaías (42:1-9 49:1–7, 50:4–11, 52:13—53:12), al cual no se le da una identidad específica. A la luz de Is 41:8, es posible que dicha figura sea una clave para referirse a Israel como pueblo. A diferencia de los violentos conquistadores, el siervo recibe el espíritu del Señor. Es llamado no a "romper la caña ya rota o apagar la mecha mortecina" (42:3), sino a ser instrumento de paz y concordia. El Señor, el creador de todo, eligió a Israel para establecer una nueva alianza de justicia entre todos los pueblos y Dios. Israel es llamado a ser una luz para las naciones que viven en la ceguedad y las tinieblas del error. Antes, el Señor era como un guerrero en silencio, pero ahora grita y clama para proteger a su pueblo. Conducirá a los israelitas de regreso a su patria, haciendo llanos y rectos sus caminos. El Señor destruirá a los que adoran a los ídolos y ayudará a Israel que ha sido oprimido por el enemigo. El pecado y el haber abandonado a Dios habían sido la causa de su cautiverio.

43—44:23 Redención y restauración

El Señor invita a sus elegidos a no temer, prometiéndoles que estará con ellos. Por eso, Israel pasará por "torrentes sin ser llevado y el fuego sin quemarse". El Señor ama a Israel y entregará al saqueo a otras naciones en su lugar. El Señor hará regresar a los israelitas a Judá de los cuatro cantos de la tierra. Las naciones atestiguarán la salvación que el Señor dará a su pueblo Israel. Solo el Dios de Israel es salvador. En consideración a Israel, el Señor destruirá las defensas de Babilonia. La descripción que el profeta hace de la conquista de Babilonia recuerda la destrucción de los egipcios al intentar pasar al mar rojo en persecución de Moisés y los israelitas (ver Ex 14—15). El Señor invita a su pueblo no a recordar hechos del pasado, sino a reconocer que el Señor está haciendo algo nuevo. El Señor bendijo a Israel en el pasado animándole a dar culto al Señor. Pero el pueblo no reconoció que el Señor cuidaba de ellos. El Señor continúa invitando a Jacobo, o sea Israel, a no temer. El Señor proveerá todo lo que carezca y llenará a sus descendientes con su espíritu. La promesa del Señor a los descendientes de Abrahán recuerda la bendición de Dios al santo patriarca (ver Gn 12:1–3). El Señor es el primero y el último, a su lado no hay ningún otro. Los ídolos son obra de manos humanas. Solo el Señor es el creador.

44:24—45:25 El agente de la liberación de Israel

El Señor predice que Jerusalén será de nuevo habitada y las ciudades de Judá reconstruidas. El que llevará a cabo la voluntad del Señor será nada menos que Ciro de Persia, a quién el Señor se refiere como "mi pastor" (44:28). En el capítulo 45, Ciro recibe un título todavía más importante, el de "ungido" del Señor, título que identifica a una persona especialmente elegida para actuar por el Señor. El Señor lleva a Ciro de victoria en victoria, como un padre que conduce de la mano a un niño. Ciro destruirá las puertas de Babilonia y tomará sus tesoros. Aunque el rey no conoce al Dios de Israel, es el Señor, creador del cielo y la tierra y todo lo que existe, quien lo conduce.

El Señor, hacedor de todos, eligió a Ciro para reconstruir Jerusalén y devolver la libertad a los exiliados, sin recibir recompensa en cambio. El Señor llama una vez más al pueblo a abandonar todo ídolo y prestar culto al único Dios verdadero. Todos reconocerán la grandeza del Señor y los que antes rechazaban reconocerle como Dios, adorarán al único verdadero Dios. "Por el Señor triunfará y será gloriosa toda la raza de Israel" (45:25).

Preguntas de repaso

1. ¿Cuál es la importancia de las palabras de consolación con las que Isaías introduce el capítulo 40?
2. ¿Quién es el siervo del Señor al que se refiere Isaías?
3. ¿Por qué le dice el profeta al pueblo que cante "un canto nuevo al Señor"?

Oración final (ver página 15)

Hacer la oración final ahora o después de la *Lectio divina*.

Lectio divina (ver página 8)

Relaje su cuerpo y mantenga una postura de oración (espalda recta, ojos cerrados, pies en el piso). Puede tomar todo el tiempo que usted quiera en hacer este ejercicio, pero se considera que para fines de este estudio bíblico, de 10 a 20 minutos es suficiente. Las meditaciones que se proporcionan a continuación tienen como finalidad simplemente ayudar a los participantes del grupo a utilizar esta forma de oración, pero tenga en cuenta que la *Lectio divina* tiene como finalidad el llevar a la persona a la contemplación orante, donde la Palabra de Dios hable al corazón.

Consolación y salvación (40:1–31)

Con su bellísima poesía, Isaías nos invita a contemplar dos importantes verdades de nuestra fe. Vientos de doctrina y propuestas de vida surgieron, surgen y surgirán. Pero como soplo, vienen unas a otras y se van. La palabra de Dios subsiste por siempre (40:8). Esa es la primera. La segunda es que el Señor cuida de nosotros como un pastor apacienta con cariño a su rebaño (40:11). El Señor constantemente nos conduce al prado siempre verde y a las fuentes de aguas puras de su Palabra inspirada. Si nos alimentamos de ella con fe, encontramos siempre paz y luz.

✠ ¿Qué más podemos aprender de este pasaje?

La liberación de Israel (41:1–29)

Isaías predicó con insistencia contra el mal de la idolatría. Los pueblos también expresaban su fuerza y poderío en el número de dioses que honraban. El Dios vivo y único es un Dios celoso. La idolatría llevó a los pueblos a prácticas abominables, como el sacrificio de inocentes, en lo que el mismo Israel llegó a caer (ver 2 Reyes 17:17). No obstante sus repetidos abandonos del Señor, Dios no le ha abandonado. En los tiempos de su misericordia le ha rescatado y de nuevo confirmado en su vocación. "No temas, que contigo estoy yo. Tu redentor es el santo de Israel" (Is 41:10.14).

✠ ¿Qué más podemos aprender de este pasaje?

El siervo del Señor (42:1–25)

Israel ha sido elegido con una llamada especial, la de ser testigo del único Dios vivo entre las naciones. Como siervo del Señor, Israel estaba llamado a un particular "servicio de justicia" y a ser luz entre las naciones (42:6). El Dios vivo y verdadero es fuente de vida plena y verdadera. El Dios creador es también el Dios redentor, el Dios que quiere libertar al hombre que creó de todo yugo. Israel ha sido privilegiado con especiales dones: su Palabra, su presencia, su particular asistencia, para ser servidores de dicha misión. El Dios vivo que es Señor, concede también señorío a quien lo sirve. "No he venido para ser servido sino para servir" (Mc 10:45).

✠ ¿Qué más podemos aprender de este pasaje?

Redención y restauración (43—44:23)

Dice el Señor, el creador de Israel: "No temas, que yo te he rescatado, te he llamado por tu nombre. Tú eres mío" (43:1). La experiencia de la redención nos hace crecer en la confianza; en la certeza de que somos de Dios. Y porque somos de Él, somos llamados a ponernos cada día de nuevo en manos benditas. Qué consolador es volver a escuchar cada día, aún en medio de nuestras dificultades, estas consoladoras palabras de nuestro Dios: "eres precioso a mis ojos, eres estimado, y yo te amo"(Is 43:4).

✠ ¿Qué más podemos aprender de este pasaje?

El agente de la liberación de Israel (44:24—45:25)

Por decreto del rey pagano Ciro de Persia, el pueblo de Israel que hacía años vivía en el cautiverio del exilio, es autorizado a volver a la tierra prometida. Este misterioso acontecimiento es interpretado por la profecía de Isaías como resultado de la acción de Dios. De manera sorprendente Ciro es llamado "ungido" del Señor. El Señor le llama "mi pastor y afirma que cumplirá todos sus deseos (ver Is 44:28). Isaías nos invita a saber encontrar en todos los acontecimientos de nuestra historia, la mano de Dios. Todo concurre para el bien para quienes amamos a Dios.

✠ ¿Qué más podemos aprender de este pasaje?

PARTE 2: ESTUDIO INDIVIDUAL (ISAÍAS 46—55)

Día 1: La caída de Babilonia (46—48)

Los antiguos con frecuencia veían las luchas entre naciones como una lucha entre sus dioses. Isaías afirma que los dioses de Babilonia, Bel y Nebo, serán llevados al exilio, forma simbólica de afirmar que serán derrotados y por lo tanto que son falsos dioses. El Señor Dios de Israel demostrará así que es el único Dios. La victoria de Dios sobre Babilonia reanimará a los desalentados de su pueblo. Ciro y su ejército son comparados a un ave de rapiña que cae sobre su presa (Babilonia) (Is 46). Babilonia descenderá a las tinieblas humillada. La nación obrará sin compasión en cuanto a los pueblos que conquistará. Tampoco se le mostrará misericordia. La conquista y destrucción del gran imperio, comprobará la falsedad de los ídolos (Is 47). En el capítulo 48 el profeta invita a los exiliados a reconocer sus pecados del pasado, a los que juraban por el nombre del Señor pero eran insinceros e injustos. No obstante las continuas llamadas del Señor, el pueblo rebelde y obstinado se resistió a oír y cambiar. El Señor purificó a su pueblo como la plata en el crisol de la aflicción. El Señor llama su pueblo a volver a la tierra de la promesa y de las bendiciones de Dios (Is 48).

Lectio divina

Pase de 8 a 10 minutos en contemplación silenciosa del siguiente pasaje:
Confiar en Dios es difícil, especialmente cuando experimentamos dificultades y sentimos el yugo de diferentes formas de esclavitud y exilio. El libro de Isaías nos recuerda sin cesar que el Señor permite el sufrimiento para purificar nuestros corazones y soltar nuestras amarras. No importa las dificultades que pasemos, si confiamos en Dios encontraremos nuevas fuerzas para seguir adelante. Al escribirles a los israelitas sobre la salvación que se acerca, Isaías le ofrece esperanza a la nación, enseñando que la esperanza se fundamenta en la fe. Dirá Jesús: "No se turbe su corazón. Creen en Dios: crean también en mí" (Jn 14:1).

✠ ¿Qué más podemos aprender de este pasaje?

Día 2: Salvación a través de un siervo del Señor (49—50)

El segundo canto del siervo del Señor comienza con la afirmación de que el mensaje de Dios es para todas las naciones. El siervo ha sido llamado desde el vientre de su madre. Su lengua será como una espada afilada, significando la fuerza de su anuncio. Por momentos, sus esfuerzos por llamar a la fidelidad al Señor parecerán ineficaces. Pero el Señor está con él y Él mismo llamará a Israel de nuevo a la fe en su redentor. La salvación de Dios es luz que debe iluminar a todas las naciones. Israel había sido humillado. Ahora príncipes y reyes le tratarán con respeto porque reconocerán que es un escogido de Dios. El pueblo que se lamentaba que el Señor le había olvidado, se alegrará inmensamente con la salvación de Dios. El Señor se compadece de los afligidos como una madre de su hijo de pecho (Is 49).

En el capítulo 50 el Señor le recuerda a su pueblo que su alianza con Él aún permanece: nadie le ha dado a Israel un documento de divorcio (el lenguaje bíblico habla de la alianza en términos de matrimonio). El Señor tampoco ha vendido a su pueblo. El Señor ha llamado muchas veces a su pueblo a permanecer fiel, pero nadie ha respondido a su llamada. Con imágenes de las plagas de Egipto (ver Ex 10:21-29), el profeta afirma el poder de Dios. El siervo del Señor (tercer canto) declara que el Señor le ha dado una "lengua de discípulo", es decir, una lengua dócil que sabe decirle al cansado palabras de aliento. Por su fe y confianza en la ayuda del Señor, el siervo fiel no se siente humillado ni se deja abatir con el sufrimiento. El Señor vendrá en su socorro.

Lectio divina

Pase de 8 a 10 minutos en contemplación silenciosa del siguiente pasaje:

La certeza de la cercanía de Dios renueva las fuerzas y lleva a saber esperar su ayuda en tiempo oportuno. Las dificultades de la vida son muchas veces llamadas de Dios a buscar mayor cercanía con Él. La persona de fe y esperanza encuentra sentido y trasforma en ofrenda todo lo que vive y experimenta. Aunque las pruebas oscurecen nuestro ánimo, la fe viva vuelve a encender la luz en nuestro corazón. Por ello debemos pedir con insistencia: Creo Señor, pero aumenta siempre más mi fe.

✠ ¿Qué más podemos aprender de este pasaje?

Día 3: Confianza en el Señor (51—53)

El Señor invita a Israel a mirar la "roca" de la cual fueron "tallados". Dicha roca ha sido los antepasados de los israelitas, Abrahán y Sara. El Señor los bendijo con una descendencia verdaderamente numerosa. La bendición del Señor transformará el desierto del Israel de aquel momento en un nuevo Edén. Un espíritu de alegría, gratitud y alabanza animará al pueblo. El Señor declara que la victoria sobre Babilonia vendrá rápidamente, trayendo la salvación a Israel y el juicio a las naciones. Aunque pasen cielo y tierra, la salvación del Señor no pasará. Aquellos que conocen la verdadera justicia y aceptan las enseñanzas del Señor con todo su corazón, no deben temer las dificultades. El recuerdo de sus conquistas del pasado deben animar a Israel, pues afirman el poder del Señor. Los rescatados del Señor volverán alegremente a Sión, donde toda tristeza y llanto terminarán. Israel había sido oprimido por Babilonia, pero ahora ha llegado su liberación. Jerusalén había sido reducida a un estado deplorable. El Señor la invita como si fuera una doncella a levantarse y a volver a la fidelidad, a "vestirse" con la gala de la salvación de su Dios. Un mensajero anuncia la buena de la salvación de Dios, invitando a Jerusalén al gozo y a la fiesta. El Señor ha redimido a su pueblo y lo ha reunido de todas las extremidades de la tierra (Is 51-52).

En el capítulo 53 encontramos el conocido cántico del siervo sufriente (cuarto cántico del siervo del Señor). La experiencia del rechazo y el dolor lo había desfigurado de tal manera que ya no se le podía reconocer como humano. El siervo acepta la condenación injusta y es llevado como cordero al degüello. Fue contado entre malhechores y herido por las iniquidades del pueblo. Por sus llagas ha venido la salud del pueblo que caminaba descarriado como rebaño sin pastor.

Lectio divina

Pase de 8 a 10 minutos en contemplación silenciosa del siguiente pasaje:

> Muchos comentadores vieron un anuncio de los sufrimientos de Jesús cuando se enfrentó a sus acusadores en las aflicciones del siervo del capítulo 53 de Isaías. Su aceptación silenciosa, por amor, realizó la salvación del mundo. Por su honda humildad de corazón, Jesús realizó en plenitud el camino del siervo del Señor cantado por Isaías. Con su ejemplo y testimonio Jesús continúa iluminándonos y fortaleciéndonos en nuestras dificultades y sufrimientos.
>
> ✠ ¿Qué más podemos aprender de este pasaje?

Día 4: La nueva Sión (54—55)

En el capítulo 54, se compara a Jerusalén a una mujer estéril que no daba a luz, pero que ahora estalla en gritos de alegría: serán más numerosos los hijos de la abandonada que los de la esposa. El Señor le invita a "alargar" su tienda para acoger a los muchos hijos que volverán a su seno. Su "esposo" es su creador, Señor de los ejércitos es su nombre, el Santo de Israel, su redentor (54:5). El Señor admite haberla abandonado por un breve tiempo, pero ahora le manifiesta gran compasión. Movido por su amor eterno, el Señor ahora tiene misericordia de ella. Como en los días de Noé, cuando el Señor entabló la alianza con el patriarca de que jamás las aguas del diluvio inundarían de nuevo la tierra, así será la alianza del Señor con Jerusalén. El capítulo 55 describe la salvación de Dios con la imagen de un banquete, servido por el Señor gratuitamente a todos. El Señor invita al pueblo a dar oídos a sus enseñanzas, a venir a Él, para que viva, y reafirma que establecerá con ellos una alianza eterna (55:3). Que busquen al Señor mientras se deja hallar. Abandone cada quién su mal camino y vuelva al Señor, que le tendrá compasión. Los caminos del Señor no son como los caminos del hombre y sus pensamientos no son como los nuestros. La Palabra de Dios como rocío producirá su efecto. El capítulo concluye con la descripción del regreso festivo de los exilados a la ciudad santa.

Lectio divina

Pase de 8 a 10 minutos en contemplación silenciosa del siguiente pasaje:

La experiencia del exilio ha sido una experiencia muy honda en la historia del pueblo elegido. Por ello la salvación de Dios, de acuerdo a los exiliados y a los profetas que la anunciaron, ha sido cantada y proclamada con gran entusiasmo. La experiencia de nuestro pecado y de las consecuencias de nuestros errores, puede significar para nosotros una experiencia de exilio y lejanía de la alegría, estabilidad y seguridad en la que nos encontrábamos. Si nos volvemos al Señor, nuestro creador, Él se hace también para nosotros redentor. Y de nuestras periferias existenciales nos hace volver a la alegría, nos reconstruye y nos da de nuevo su paz.

✠ ¿Qué más podemos aprender de este pasaje?

Preguntas de repaso

1. ¿Qué representan los cánticos del siervo que refiere Isaías?
2. ¿Cómo ha podido Ciro de Persia hacerse instrumento del Señor en favor de su pueblo?
3. ¿Con qué imágenes representa Isaías la salvación de Dios?

LECCIÓN 3
El libro de Isaías (III)
ISAÍAS 56—66

Alza los ojos en torno y mira: todos se reúnen y vienen a ti. Tus hijos vienen de lejos, y tus hijas son llevadas en brazos. Tú entonces al verlo te pondrás radiante, se estremecerá y se ensanchará tu corazón, porque vendrán a ti los tesoros del mar, las riquezas de las naciones vendrán a ti (60:4–5).

Oración inicial (Ver página 14)

Contexto

Parte 1: Isaías 56—58. El capítulo 56 abre la tercera sección del libro de Isaías, convencionalmente llamada del "Tercer Isaías". Dicha sección señala una composición en un período posterior al retorno de los exilados de Babilonia. A pesar de las promesas positivas de un pacífico asentamiento de los exiliados y de que el Señor nunca los dejaría, el Tercer Isaías parece haber tenido que lidiar con las dificultades y desesperanzas de los retornados.

Parte 2: Isaías 59—66. Estos capítulos tratan de la salvación definitiva de los israelitas, que traerá alegría sin fin a todo el pueblo. El Señor vino a rescatar a sus fieles, pero espera fidelidad. La promesa del nuevo cielo y la nueva tierra, anuncia la honda renovación que el Señor desea traer a su pueblo.

Parte 1: Estudio en grupo (Isaías 56—58)

Leer en voz alta Isaías 56—58.

56:1-12 Las exigencias de la alianza

El Señor enfatiza algunos preceptos de la alianza. El justo vive en la presencia del Señor, no profanando el sábado y evitando el mal. Durante cierto tiempo, algunas tribus y los que eran mutilados sexualmente eran excluidos. Ahora extranjeros y eunucos podrán juntarse al pueblo de Dios (ver Dt 23:2-9). El Señor llevará a su santo monte y dentro de su templo aquellos que observan el sábado y permanecen fieles a la alianza. La casa de Dios será una casa de oración para todos los pueblos. Muchos extranjeros, referidos por los israelitas como bestias, encontrarán salvación con el pueblo de Judá. Los centinelas de Israel (los falsos profetas) son ciegos y carecen de conocimiento.

57:1-21 Un pueblo idólatra

El Señor habla de los que adoran a los ídolos como hijos de bruja, descendencia de prostitutas y fornicarios. Los profetas describen la idolatría en término de prostitución. El Señor se dirige a ellos como raza de bastardos, generación perversa, que arde en deseos y sacrifica a sus niños. Recogen piedras para de ellas hacer sus ídolos, a quienes honran ofreciendo vino y grano. Sacrifican a sus primogénitos a Mélec, divinidad cananeíta a quién ofrecen aceite y perfumes. De esta manera envían a sus emisarios (los niños sacrificados) al Seol (por su muerte). El Señor cuestiona al pueblo si espera que permanezca en silencio ante los que no le temen. Al llamarle en el peligro, el Señor dejará que sus dioses les salven. Los que buscan refugio en el Señor heredarán la tierra y poseerán el santo monte del Señor: vivirán en la paz de Jerusalén. Cuando el Señor en su ira golpeó a los Israelitas y se ocultó de ellos, ellos siguieron el deseo de sus corazones y volvieron al Señor. Al conocer su cambio interior, el Señor los consoló. Los perversos, sin embargo, sufren aflicción y no tienen paz.

58:1-14 El verdadero ayuno

Creyendo seguir la ley con su ayuno, el pueblo le pregunta al Señor por qué no lo ayuda cuando ayuna. El Señor les reprocha pues mientras ayunan, explotan a los obreros, litigian y pleitean. El ayuno que agrada al Señor no es el de inclinar la cabeza como juncos y sentarse en ceniza y polvo, sino el de "deshacer los nudos de la maldad, soltar las coyundas del yugo, dejar libres a los maltratados y arrancar todo el yugo" (58:6); repartir el pan con el hambriento, recibir en casa al pobre sin hogar, vestir al desnudo y no virar la cara al necesitado (58:7). El verdadero ayuno empieza del interior, con la conversión del corazón. Los que ayunen de este modo brillarán como la luz de la aurora y la aflicción de su exilio será rápidamente curada. El Señor responderá a sus gritos de ayuda, removiendo la opresión, las falsas acusaciones y los discursos retorcidos. Mientras guardan el sábado, evitando los malos caminos, encontrarán su gozo en el Señor y el Señor les levantará y cuidará de ellos.

Preguntas de repaso

1. ¿Por qué es importante que el pueblo de Judá sepa acoger a los eunucos y extranjeros?
2. ¿Quiénes son los pastores pecadores?
3. ¿Cuál es el ayuno que realmente agrada al Señor?

Oración final (ver página 15)
Hacer la oración final ahora o después de la *Lectio divina*.

Lectio divina (ver página 8)
Relaje su cuerpo y mantenga una postura de oración (espalda recta, ojos cerrados, pies en el piso). Puede tomar todo el tiempo que usted quiera en hacer este ejercicio, pero se considera que para fines de este estudio bíblico, de 10 a 20 minutos es suficiente.

Las meditaciones que se proporcionan a continuación tienen como finalidad simplemente ayudar a los participantes del grupo a utilizar esta forma de oración, pero tenga en cuenta que la *Lectio divina* tiene como finalidad el llevar a la persona a la contemplación orante, donde la Palabra de Dios hable al corazón.

Las exigencias de la alianza (56:1-12)

Los Israelitas pecaron gravemente, especialmente adorando a dioses extranjeros. El Señor estaba siempre dispuesto a perdonar cuando el pueblo volvía a la alianza. Amando y acogiendo al mutilado, al pobre, al hambriento, se hacían merecedores del perdón de Dios. De hecho, la Escritura afirma repetidas veces que el "Señor es clemente y compasivo, lento a la cólera y lleno de amor" (Sl 103:8). A la luz de esta verdad Jesús proclamará bienaventurados a los misericordiosos, porque alcanzarán misericordia.

✠ ¿Qué más podemos aprender de este pasaje?

Un pueblo idólatra (57:1–21)

La gravedad de la idolatría se ha manifestado de modo patente en la horrenda práctica de muchos israelitas de sacrificar incluso a los propios hijos a los falsos dioses. Dicha expresión de culto pagano, es la más emblemática entre otras varias que llevaron a las personas a la degradación, superstición, charlatanería y falsa religiosidad. La historia del así llamado "sacrificio de Isaac" (ver Gn 22:1–19), que la tradición hebrea llamó con más acierto la "atadura de Isaac" (visto que el muchacho fue solamente amarrado), subraya entre otras cosas que el Dios vivo y verdadero de ninguna manera aprueba los sacrificios humanos (su clave de lectura está precisamente al v.1). Como dice el salmista, "Dios quiere el sacrificio de un espíritu contrito, un corazón contrito y humillado, oh Dios, no lo desprecias" (Sl 51:19).

El verdadero ayuno (58:1–14)

Esta sección de Isaías nos alerta sobre el peligro del culto meramente exterior y formalista, y la incoherencia. Para muchos la esencia de la religión consiste en prácticas de devoción, cuando el Señor mismo de muchos modos en la Escritura nos recuerda que la caridad y el compromiso en la justicia deben tener la precedencia. Jesús de hecho enseñará, "Si, pues, cuando presentes tu ofrenda en el altar te acuerdas entonces de que tu hermano tiene algo contra ti, deja tu ofrenda allá, delante del altar, y vete primero a reconciliarte con tu hermano; luego vuelve y presenta tu ofrenda" (Mt 5:23-24).

✠ ¿Qué más podemos aprender de este pasaje?

Parte 2: Estudio individual (Isaías 61—66)

Día1: Punición y salvación (59—60)

Isaías enumera una serie de pecados del pueblo: mentira, engaño, violencia, rebeliones contra Dios, opresión, injusticia y muerte. El pueblo gime bajo el yugo de sus transgresiones y clama por la paz y la justicia. Mientras no vuelvan al Señor, no lo alcanzarán. Pero si el pueblo se aleja de su iniquidad, como un guerrero que sale a la batalla, el Señor viene en su auxilio y lo rescata. Los pueblos del este y el oeste temblarán ante el nombre y la gloria del Señor. El Señor renueva su alianza con los israelitas, la alianza que había hecho con sus antepasados. Ellos entonces recibirán el espíritu del Señor y su palabra habitará con el pueblo de generación en generación (Is 59).

En el capítulo 60, el Señor habla de un nuevo comienzo para Israel. En medio de la oscuridad y tinieblas que cubren la tierra, el Señor brillará como aurora en su medio e Israel se hará luz para las naciones. Los exiliados que habían huido de Judá volverán cargados en brazos y preciosos dones serán traídos en honor del Dios de Israel. Pueblos extranjeros reconstruirán las murallas de Jerusalén y reyes serán benévolos con los israelitas. Históricamente, reyes que siguieron a Ciro de Persia, continuaron ayudando en la reconstrucción de Jerusalén. La ciudad santa será de nuevo fortificada y lugar de protección para el pueblo redimido. Jerusalén es llamada "ciudad del Señor" y "Sión del Santo de Israel" (60:14). La reconstrucción de Jerusalén se hace así señal visible de la salvación y de la misericordia del Señor. Israel reconocerá así que el Señor le ha rescatado. Dentro de los muros de Jerusalén, resonará constante alabanza.

Lectio divina

Pase de 8 a 10 minutos en contemplación silenciosa del siguiente pasaje:

En la interpretación de los profetas, el binomio punición-salvación caracteriza de modo particular la relación del Señor con su pueblo—Él es misericordioso y solo desea la paz para su pueblo. En realidad, es el pueblo mismo que con sus infidelidades y perversiones, atrae sobre sí las calamidades y desgracias. Dicha enseñanza sigue siendo de gran actualidad. Ella nos invita a la responsabilidad en nuestras elecciones libres. El "mapa de ruta" hacia las bendiciones de Dios lo tenemos en su Palabra, en sus mandamientos, en las enseñanzas de Jesucristo.

✠ ¿Qué más podemos aprender de este pasaje?

Día 2: La continua protección del Señor (61—62)

El profeta recibe la llamada para actuar guiado por el espíritu del Señor. Su venida sobre los profetas significa la unción de Dios para su misión. Él está llamado a llevar la buena nueva de la salvación a los afligidos, a vendar los corazones rotos, a pregonar la liberación a los cautivos y a los reclusos la libertad y a anunciar un año de gracia del Señor (61:1-2). El Señor viene a consolar a su pueblo y curar sus heridas con el óleo de la alegría. El Señor reconstruirá las ruinas de Judá y restaurará las ciudades diezmadas por los babilonios. Gente extranjera trabajará por los israelitas como pastores y campesinos. El pueblo será llamado sacerdotes del Señor y ministros de nuestro Dios (ver 61:6; Ex 19:6). La renovación de la alianza será fuente de gozo y fiesta para Israel. Como la tierra produce sus frutos, el Señor hará brotar la justicia para los israelitas (Is 61).

En el capítulo 62, el Señor manifiesta su afecto por su pueblo. Por su causa no puede callarse y obrará hasta que su salvación brille como antorcha. Israel será como corona de honor para el Señor. Nadie lo llamará "abandonado" y su tierra "desolada". El Señor se compadece de su pueblo. El Señor "desposará" de nuevo a Israel. Como un esposo se alegra por su novia, así el Señor se regocijará por su pueblo. Día y noche "centinelas" vigilarán la ciudad santa (referencia a los profetas a través de los cuáles el Señor cuida de su pueblo). El pueblo libre entrará por las puertas de Jerusalén. Las naciones reconocerán que el Señor ha visitado y redimido a su pueblo. Las gentes llamarán a Israel "pueblo santo", "rescatados del Señor"; Jerusalén, "buscada" y "Ciudad no olvidada" (62:12).

Lectio divina

Pase de 8 a 10 minutos en contemplación silenciosa del siguiente pasaje:

Nosotros los cristianos también fuimos llamados a ser un "pueblo santo" (ver 1 Pd 2:9-10). Vivimos dándole gracias a Dios por el don de nuestra redención operada por Jesucristo. En cada Eucaristía, de hecho, la celebramos. El Espíritu Santo que recibimos en nuestro bautismo y confirmación, sigue obrando en nuestras almas para que nos asemejemos siempre más a Jesús, "el Santo de Dios" (ver Mc 1:24). La compasión que el Señor manifestó a su pueblo, Jesús la enseñó y testimonió con sus palabras, gestos y obras. La misericordia hacia nuestros hermanos es un camino especial de santificación.

✠ ¿Qué más podemos aprender de este pasaje?

Día 3: Suplicando la ayuda del Señor (63—64)

Con la imagen del soldado que se acerca con el vestido teñido de sangre, símbolo de la venganza contra las naciones opresoras, el profeta anuncia ahora la salvación de Dios. A seguir, contemplando las misericordias del Señor para con Israel, recordando los grandes hechos del Señor para con su pueblo, con expresiones cargadas de sentimiento y reconocimiento, proclama: "Las misericordias de Yahvé quiero recordar, las alabanzas de Yahvé, por todo lo que nos ha premiado Yahvé, por la gran bondad para la casa de Israel, que tuvo con nosotros en su misericordia, y por la abundancia de sus bondades" (63:7). El Señor es reconocido como Salvador, Pastor y Padre del pueblo. Y con un deseo apremiante de que el Señor se hiciera de nuevo cercano en medio a su pueblo, exclama: "¡Ah! si rompieras los cielos y descendieras" (63:19). Nunca se oyó decir, ni ojo vio, acciones semejantes de un Dios para con su pueblo, como las del Señor para con Israel. Por ello el profeta lamenta el pecado de los israelitas. Como hojas secas que caen de un árbol y que el viento se lleva, así fue lo que el pecado le hizo a Israel, creación de las manos del Divino Alfarero (64:5.7). Y como si lo necesitase, el profeta le insiste al Señor que Israel es Su pueblo, recordando el estado en que habían quedado Jerusalén y las ciudades de Judá, y el templo de su gloria.

Lectio divina

Pase de 8 a 10 minutos en contemplación silenciosa del siguiente pasaje:

En su predicación el profeta contempla los beneficios del Señor para con su pueblo, en su ya larga historia de camino con Dios. Dicha contemplación hace de contraluz para un hondo reconocimiento de las infidelidades de Israel y la súplica de perdón y gracia. El reconocimiento de nuestras fragilidades y pecados es profundo en cuanto primero sepamos reconocer los beneficios que el Señor nos ha dado. De dicho reconocimiento para con Dios brota la súplica humilde de perdón y el deseo de fidelidad y mejor correspondencia en el porvenir.

✠ ¿Qué más podemos aprender de este pasaje?

Día 4: Destino del justo y del impío en Israel (65—66)

Antes que los israelitas buscasen al Señor, el Señor respondía a su angustia diciendo "Aquí estoy" (65:1) y extendiendo su mano hacia ellos. El pueblo provoca al Señor ofreciendo sacrificios en los jardines y queman incienso sobre ladrillos, pasando la noche en tumbas y cuevas, comiendo alimentos impuros. Los que abandonan al Señor, están destinados a perecer: se han hecho sordos a la llamada de Dios, eligieron lo que le desagradaba (65:12). Los siervos del Señor vivirán en la hartura, con el corazón lleno de gozo. Los que le abandonan, padecerán hambre y sed y gemirán por su sufrimiento. El Señor anuncia cielos nuevos y tierra nueva, símbolo de la llegada de los tiempos nuevos para Israel. Jerusalén será colmada de gozo y alegría. Las bendiciones del Señor descansarán sobre los hombres y la tierra, y serán particularmente fecundos. Los elegidos del Señor disfrutarán del trabajo de sus manos. Serán raza bendita del Señor (65:20-24).

El capítulo 66 comienza con la imagen del trono de Dios sobre los cielos y la tierra como escabel para sus pies. Ante la preocupación acentuada con el templo, el Señor afirma que no habita en una casa construida por manos humanas. Él ha creado el universo. Todo es de Él. A la vez el Señor alaba a los que le temen, o sea, los que lo honran devotamente y rechaza a los que abusan del culto del templo, no oyen la palabra del Señor y hacen el mal ante sus ojos. A seguir habla de Jerusalén (Sión) como una mujer que está por dar a luz. Con dolores de parto, Sión da a luz a un pueblo y nación nuevos. La imagen evoca la rapidez con que el pueblo experimentó el cambio, de la esclavitud a la renovada libertad. El Señor invita al pueblo a regocijarse por Jerusalén. Como una madre acaricia a su hijo sobre sus rodillas y lo consuela, así el Señor consolará a su pueblo (66:12-13). El Tercer Isaías concluye con oráculos de carácter escatológico con tono apocalíptico. El Señor manifestará su poder y traerá su juicio contra los impíos. La gloria del Señor será conocida hasta los confines de la tierra. Su justicia y misericordia serán reconocidas por todas las naciones.

Lectio divina

Pase de 8 a 10 minutos en contemplación silenciosa del siguiente pasaje: Isaías canta el amor compasivo del Señor con imágenes de la madre que acaricia y consuela a su pequeño. La salvación de Dios se le ha manifestado una y otra vez al pueblo elegido. Paradójicamente, el pecado continuará manifestándose una y otra vez en la ciudad redimida. Poco antes de su pasión, Jesús llorará sobre Jerusalén, anunciando su futura destrucción, por no haber sabido reconocer el tiempo de la visita divina (ver Lc 13:34–35). Precisamente en la ciudad bendecida, el Hijo de Dios sufrirá su Pasión y muerte. A la vez, será de Jerusalén de donde partirá el anuncio de la salvación definitiva obrada por Dios, con la resurrección de su Hijo.

✠ ¿Qué más podemos aprender de este pasaje?

Preguntas de repaso

1. ¿Por qué insiste tanto Isaías en el tema de la idolatría?
2. ¿A qué compara el profeta la salvación que obrará el Señor en favor de su pueblo?
3. A la luz de la predicación de Isaías, ¿cómo debemos entender su repetido binomio de punición y salvación?

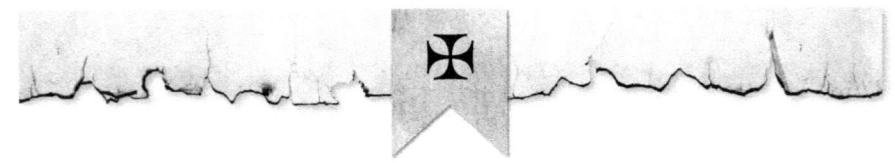

LECCIÓN 4
El Libro de Jeremías (I)
JEREMÍAS 1—20

Entonces me dirigió el Señor la palabra en estos términos: Antes de haberte formado yo en el vientre, te conocía, y antes que nacieras, te tenía consagrado: yo profeta de las naciones te constituí (1:4–5).

Oración inicial (Ver página 14)

Contexto

Parte 1: Jeremías 1—2. El Señor eligió a Jeremías como profeta para Judá, antes de que se formase en el seno materno. El profeta debe predicar contra la nación que abandonó al Señor para servir a dioses paganos.

Parte 2: Jeremías 3—20. El Señor está dispuesto a acoger de nuevo a su pueblo, pero él permanece en su corrupción. Son circuncisos en el cuerpo, pero su corazón está lejos de Dios. Al no aceptar el mensaje de Dios, el pueblo se rebela contra Jeremías. Su rebelión no quedará sin castigo.

Parte 1: Estudio en grupo (Jeremías 1—2)

Leer en voz alta Jeremías 1—2.

1:1–19 La vocación de Jeremías

La llamada de Jeremías se coloca en el décimo tercer año del reinado de Josías, rey de Judá. Su actividad profética ocurre durante los últimos años de Josías y durante el reinado de Sedecías, hijo de Josías. Sedecías reinó durante once años, hasta la destrucción de Jerusalén por los babilonios en 587 a.C. La expresión de Jeremías, "Y la palabra del Señor...vino a mí" enfatiza el origen divino de su actividad y mensaje. El Señor le dice que antes de que se formara en el vientre materno, el Señor lo había designado como profeta de las naciones. El profeta, al parecer todavía muy joven, le reclama a Dios que por eso no tiene habilidad para predicar. Pero el Señor le asegura: "No digas: «Soy un muchacho», pues adondequiera que yo te envíe irás, y todo lo que te mande dirás. No les tengas miedo" (1:7-8). A seguir Jeremías recuenta que el Señor le tocó la boca, poniendo en ella su palabra de autoridad.

Jeremías entonces recuenta dos visiones. En la primera, el profeta ve una rama de almendro. El término hebreo para "almendro" significa literalmente "el vigilante" por ser el primer árbol que florece en primavera. Jugando con el significado del término, el autor afirma que el Señor vela por el cumplimiento de su palabra (semejante a lo que leemos en Is 55:11). La siguiente visión, de una "caldera que hierve", anuncia otra vez por medio de un juego de palabras en hebreo, que la catástrofe se acerca siempre más a Jerusalén, a causa de la infidelidad y de la idolatría. Reinos del norte vendrán y conquistarán la ciudad santa. Por medio de tres imágenes que evocan a Jerusalén y al templo que serán destruidos, el Señor le promete y asegura a Jeremías su protección.

2:1–37 Infidelidad de Israel

El Señor instruye a Jeremías a que le hable al pueblo de Jerusalén sobre los tiempos de antes cuando ellos eran devotos del Señor como una esposa amorosa. Los israelitas eran como las primicias de una cosecha, pero el Señor se lamentaba a causa de los que asaltaron a Israel como alguien que comió de aquellas primicias. Cuando los Israelitas entraron en la tierra prometida, ellos se volvieron a los falsos dioses, una abominación a los ojos del Señor.

Los sacerdotes se olvidaron del Señor, los peritos en la ley no lo conocían, los pastores (los líderes del pueblo) se rebelaron y los profetas, profetizaron por Baal, un dios falso. El Señor está indignado con Israel: su pueblo ha cambiado su gloria por el vacío, lo ha abandonado, fuente de aguas vivas para hacerse cisternas agrietadas que no retienen el agua. Los leones (Asiria y Babilonia) rugen contra ellos, trasformando su tierra y ciudades en un desierto inhabitable. El pueblo ha ido a "beber agua" del Nilo (el gran río de Egipto) o del "Río" (el Éufrates de Asiria). La imagen de "beber agua" simboliza la adoración de los dioses de aquellos pueblos. Por olvidarse del Señor, y practicar la prostitución de la idolatría, el pueblo atrae calamidades sobre sí. Las mismas palabras del pueblo serán usadas contra ellos en el juicio del Señor.

Preguntas de repaso

1. ¿En qué términos describe Jeremías la relación del Señor con Israel?
2. ¿Qué motivo principal ofrece el profeta para la destrucción de Jerusalén?
3. ¿Qué quiere enseñar Jeremías con la imagen del agua con respecto al Señor?

Oración final (ver página 15)

Hacer la oración final ahora o después de la *Lectio divina*.

Lectio divina (ver página 8)

Relaje su cuerpo y mantenga una postura de oración (espalda recta, ojos cerrados, pies en el piso). Puede tomar todo el tiempo que usted quiera en hacer este ejercicio, pero se considera que para fines de este estudio bíblico, de 10 a 20 minutos es suficiente.

Las meditaciones que se proporcionan a continuación tienen como finalidad simplemente ayudar a los participantes del grupo a utilizar esta forma de oración, pero tenga en cuenta que la *Lectio divina* tiene como finalidad el llevar a la persona a la contemplación orante, donde la Palabra de Dios hable al corazón.

Vocación de Jeremías (1:1-19)

El Señor no le oculta a Jeremías las dificultades que en su predicación de la Palabra de Dios tendría que enfrentar, de parte del pueblo y sus jefes. No obstante sus sufrimientos, Jeremías dejará un luminoso testimonio de fidelidad a Dios. La fidelidad a la Palabra del Señor no será siempre fácil tampoco para nosotros. Jesucristo, a quién seguimos, también fue incomprendido y sufrió persecución. Pero el Señor, como a Jeremías, nos asegura que siempre nos acompañará. Con Él todo lo podemos.

✠ ¿Qué más podemos aprender de este pasaje?

Infidelidad de Israel (2:1-37)

Para los creyentes, el Señor es un tesoro precioso que toca todos los aspectos de su vida. Pero entre los creyentes también se encuentran los que no son fuertes en la fe y no consiguen resistir las tentaciones de los ídolos modernos del placer, del poder y del dinero, y se hacen esclavos de ellos. En este sentido Jesús nos recuerda que, "dónde está nuestro tesoro ahí estará también nuestro corazón" (ver Mt 6:21). Solo con el Señor nuestra libertad se va liberando de las amarras y podemos ir experimentando la verdadera libertad, la de los hijos de Dios.

✠ ¿Qué más podemos aprender de este pasaje?

PARTE 2: ESTUDIO INDIVIDUAL (JEREMÍAS 3—20)

Día 1: Consecuencias de la rebelión contra el Señor (3—6)

El Señor compara a los israelitas a una mujer repudiada, que se unió con otro y además se prostituyó con muchos amantes. De acuerdo a la Ley de Moisés, una mujer repudiada, no puede volver a su anterior marido si se había unido a otro después del divorcio (ver Dt 24:1-4). La imagen del adulterio y la prostitución es con frecuencia utilizada por los profetas para referirse al pecado de la idolatría. Jeremías evoca el argumento de la ley del divorcio para subrayar la gravedad del pecado del pueblo (Jr 3). Al morir Salomón, al imponer su sucesor duros impuestos a las tribus de Israel (de la región norte), ocurre la división del reino davídico, y la formación del reino del norte (ver 1 Reyes 12:1-20). El reino del sur, bajo la guía del hijo de Salomón, quedó conocido como el reino de Judá.

En el capítulo 4, el Señor exhorta a los israelitas a convertirse y a vivir conforme a sus preceptos. No es la mera circuncisión física que atrae las bendiciones de Dios, sino la del corazón. La circuncisión de los muchachos varones era una señal del compromiso con la alianza que el Señor hizo con Abrahán. Con la imagen de la circuncisión del corazón, el Señor invita a ir más allá de la práctica exterior de la ley y a vivir verdaderamente conforme a los preceptos del Señor. Judá y Jerusalén se deben precaver contra el enemigo del norte (Babilonia) con gestos de arrepentimiento. Si se rehúsan a convertirse, el enemigo vendrá sobre ellos como ave de rapiña. Habrá entonces grandes calamidades y destrucción. En el capítulo 5, el Señor dice que perdonaría Jerusalén, si se encontrara una sola persona justa en ella (modo de subrayar la difusión de su iniquidad). El peligro inminente del enemigo invasor, se compara al de animales salvajes, como leones, lobos y leopardos, con respecto a sus presas. El grave pecado del pueblo aleja de él las bendiciones del Señor. Se cometen tremendas injusticias en cuanto a los más débiles y desamparados. Los sacerdotes enseñan al pueblo conforme sus propias ideas y no conforme a la palabra del Señor. El capítulo 6, refuerza con amenazas la catástrofe inminente. El Señor invita una vez más al profeta a encontrar a alguien en Israel que de oídos a la palabra del Señor. El pueblo carece de ojos de fe (expresado otra vez con la imagen de la circuncisión). Ofrece incienso al Señor, pero permanece en su iniquidad.

Lectio divina

Pase de 8 a 10 minutos en contemplación silenciosa del siguiente pasaje:

Con variadas expresiones, Jeremías denuncia la gravedad del pecado de Judá y Jerusalén, y a la vez denuncia la catástrofe inminente. No obstante la insistencia e intensidad de su predicación, el pueblo se resistirá en creer y no cambiará su vida. Dicha experiencia también se puede dar en nuestra caminada como cristianos. Por ello, precisamos una y otra vez suplicar al Señor que nos ayude a ser dóciles y diligentes respeto a las llamadas que constantemente nos hace por medio de su Palabra, de su Iglesia y de los acontecimientos de la historia.

✠ ¿Qué más podemos aprender de este pasaje?

Día 2: El discurso de Jeremías en el Templo (7—10)

Jeremías exhorta al pueblo a reformas sus vidas, para que el Señor continúe habitando en su medio en el templo. A la vez el profeta alerta que no es simplemente el hecho de tener el templo en su medio que les traerá la salvación, sino el vivir conforme a los preceptos del Señor y practicar la justicia. El pueblo no puede robar, matar, cometer adulterio, jurar falsamente, ofrecer sacrificios a los ídolos y luego venir al templo del Señor. A seguir recuerda la historia del santuario de Silo: a causa del pecado de sus sacerdotes, el Señor les permitió a los filisteos que lo destruyeran y capturasen el arca (ver 1 Samuel 4:1–11). Algo semejante le sucederá a Judá si no se convierte. El Señor invita a Jeremías a considerar el pecado del pueblo que, desde el tiempo de su salida de Egipto, Él le había instado por medio de sus profetas y ellos nos les escuchaban y continuaban en sus pecados. Por ello, Jeremías no debe sorprenderse de la resistencia del pueblo en cuanto a su predicación. A seguir el Señor denuncia las abominaciones de los sacrificios humanos que se practicaban en el valle de los alrededores de Jerusalén. En este se llevará a cabo grande matanza por parte de los invasores.

En el capítulo 8 el Señor denuncia la abominación de los líderes del pueblo. Por su pecado de idolatría, los cadáveres de los reyes, príncipes, sacerdotes, profetas y habitantes de Jerusalén quedarán sin sepultura. El Señor se maravilla de por qué el pueblo no aprende la lección. Cuando alguien cae, luego se levanta; cuando se desvía del camino deseado, pronto vuelve. Hasta las aves de estación saben el tiempo de regresar. Incluso los sabios del pueblo, abandonan la Palabra del Señor y trasmiten falsas enseñanzas. Los sacerdotes hablan de paz pero no la promueven. Los líderes buscan pactos con naciones extranjeras. La tierra quedará como el desierto. En el capítulo 10, Jeremías insiste sobre la falsedad de los dioses a los cuales las naciones dan culto. Alaba el poder del Señor y afirma su soberanía. Son ridículos los que adoran a los ídolos. En el v.17, la tierra del sur es personificada y lamenta su calamidad como persona herida de un mal incurable. En el v.25 Jeremías retoma de nuevo la palabra y le pide al Señor que corrija a su pueblo.

Lectio divina

Pase de 8 a 10 minutos en contemplación silenciosa del siguiente pasaje:

El drama de la proliferación del mal y del pecado y la obstinación del pueblo y sus líderes sigue intensificándose en la predicación de Jeremías. El drama de la fragilidad humana se manifiesta, no solo en la posibilidad de las opciones equivocadas, sino en el hecho de que éstas nos pueden llevar a una obstinación en el pecado y el mal. Pero el Señor no se cansa de llamar a su pueblo a volver. Deja siempre una puerta abierta.

✠ ¿Qué más podemos aprender de este pasaje?

Día 3: Trama contra Jeremías (11–14)

El Señor le habla a Jeremías sobre la fidelidad a la alianza. Si los israelitas permanecen en ella, el Señor será su Dios y ellos le pertenecerán. El Señor ha cumplido fielmente su parte. No obstante eso, los falsos dioses son muy numerosos en cuanto a las ciudades de Judá y los altares a Baal y a las calles de Jerusalén. Jeremías 11:18-23, reporta un lamento personal. El Señor le ha dado a conocer la intriga de los falsos profetas de Anatot que atentaban contra su vida. El profeta inocente se siente como oveja que es llevada al matadero, pero confía que el Señor vendrá en su ayuda.

En el capítulo 12, continuando su lamento como si presentara un caso en el tribunal, Jeremías interroga al Señor sobre el misterio del inicuo que prospera. En vez de darle la respuesta, el Señor le anuncia otras persecuciones (de parte de su misma parentela). A esto le sigue un lamento de Dios por la suerte de su heredad (el pueblo), que quedará desolada. Pero el Señor se apiadará de nuevo de su pueblo y reconducirá su heredad a la tierra (12:15).

En el capítulo 13, el Señor instruye a Jeremías a que realice el primero de sus varios gestos simbólicos. El Señor le dice que se compre una faja de lino y se la ciña en la cintura. Luego que se la quite, la remoje en agua y la esconda en la ranura de una peña hacia oriente. Pasado cierto tiempo, el Señor le dice a Jeremías que recupere su faja, pero se había echado a perder. El Señor le dice que del mismo modo echará a perder la soberbia de Judá y Jerusalén. El Señor se había ligado a su pueblo como una faja en la cintura, pero el pueblo se apartó de Él. La destrucción vendrá sobre todo el pueblo por parejo, rey y reina incluidos. El Señor vuelve a invitar al pueblo a abandonar su arrogancia y a darle gloria, reconociéndole como su Dios. Si el pueblo no le escucha, el Señor deberá llorar en secreto su partida al exilio. El enemigo del norte se acerca.

El capítulo 14 trata de la predicación de Jeremías con ocasión de una sequía en Judá. El Señor menciona las consecuencias de la falta de agua, con respecto a la tierra, los animales y la gente. Dicho contenido sirve en la sección para subrayar que la amenaza de la invasión será mayor que la de la carestía. Los falsos profetas anuncian al pueblo que no experimentarán la espada o el hambre, diciendo que el Señor le prometió perpetua paz a Judá. El Señor niega haber hablado por medio de ellos. Su mensaje es fruto de su imaginación y no de la acción de Dios. Los que les siguen, perecerán juntamente con ellos. A seguir el Señor le dice a Jeremías que profiera un lamento sobre Jerusalén y el pueblo. Su lamento es una ponderación de las calamidades que asolarán a Judá por su rebeldía. En el v.19, da voz al pueblo que se pregunta por qué el Señor le habría golpeado con una herida que no cura. Solo el sufrimiento le llevará a reconocer su culpa.

Lectio divina

Pase de 8 a 10 minutos en contemplación silenciosa del siguiente pasaje:

El gesto simbólico de la faja de lino que se echa a perder les trasmite a los contemporáneos de Jeremías, lo que su orgullo traerá para Judá y Jerusalén. El orgullo genera separación y lejanía de Dios y deja al hombre vulnerable a sus rebeldías, fragilidades y caprichos. Jesús invitará a aprender de él la mansedumbre y humildad de corazón. Esta nos mantiene en sintonía con Dios y en una actitud de esfuerzo constante por vivir sus enseñanzas.

✠ ¿Qué más podemos aprender de este pasaje?

Día 4: El veredicto del Señor no cambia (15—17)

El Señor se rehúsa firmemente a reconsiderar el castigo al pueblo. Aunque fuera por Moisés y Samuel (grandes intercesores del pueblo), el Señor no cambiaría su juicio. El pueblo se ha convertido en escarmiento para los reinos de la tierra, a causa de las abominaciones que Manasés, hijo de Ezequías, rey de Judá, hizo en Jerusalén (ver 2 Reyes 21:9–16). Las desgracias de la guerra, asolarán sin misericordia a Jerusalén (Jr 15:5–9). Jeremías entonces establece un nuevo diálogo con Dios, que atestigua su crisis interior ante la suerte de Jerusalén, a la que el profeta entrelaza la suya de persecución y humillaciones. La palabra del Señor era para Jeremías gozo y alegría del corazón. Pero su fidelidad a la palabra de Dios le acarreaba solo incomprensión y sufrimientos de parte de sus contemporáneos. El Señor le responde a Jeremías como si su lamento representase abandono de su misión profeta y le invita a la conversión. La invitación del Señor, era en realidad una invitación al pueblo representado en Jeremías. El Señor entonces le renueva en su vocación (Jr 15).

En el capítulo 16 el Señor invita a Jeremías a no casarse para evitar tener hijos e hijas en aquel contexto de destrucción. La tierra será arrasada por un mal mortal devastador. Los que no mueran por la espada, perecerán por el hambre. Jeremías es invitado a entrar en honda sintonía con la justicia de Dios. El pueblo será castigado y Jeremías deberá insistir en que es por su pecado y por haberse alejado de Dios que son abandonados al enemigo. Un inciso, posiblemente de época tardía, anticipa el retorno del exilio (vv.14–15). A ese le sigue otro oráculo de destrucción (vv.16–18) y el anuncio de la conversión de las naciones (vv.19–21).

Jeremías entonces subraya la profundidad de la iniquidad del pueblo, diciendo que su pecado se le ha quedado grabado en el corazón (centro de la decisión sobre el bien y el mal) "con buril de hierro" y "punta de diamante" (es decir de forma indeleble). Los bienes de Judá serán entregados al pillaje como paga por sus pecados y el pueblo perderá la heredad recibida del Señor. El hombre que confía en el hombre hace de la fragilidad su fuerza, mientras el que confía en el Señor es como árbol plantada junto al torrente (ver Salmo 1:3; 40:5). El Señor examina el corazón del hombre y retribuye a cada uno conforme a su proceder. Quedarán avergonzados todos los que abandonan al Señor. Su palabra se realizará indefectiblemente. El capítulo concluye con una llamada de atención sobre la violación del sábado.

Lectio divina

Pase de 8 a 10 minutos en contemplación silenciosa del siguiente pasaje:

El tema del "corazón" es prominente en el libro de Jeremías. En el lenguaje bíblico, el corazón no es tanto el lugar de los sentimientos, como el de las decisiones, del discernimiento del bien y del mal. El drama del pueblo está en que su corazón se ha corrompido de tal manera que el pueblo se obstina en el mal y en el error, uno de los cuales es poner la confianza en la fragilidad del hombre y no en Dios. Solo el Señor puede curar la herida del corazón.

✣ ¿Qué más podemos aprender de este pasaje?

Día 5: El vaso del alfarero (18—20)

Jeremías es enviado a ir a la casa de un alfarero. El profeta observa como él trabajaba la arcilla en el torno y como, cuando la vasija no salía en su forma adecuada, el alfarero la volvía a moldear. Entonces el Señor le dice a Jeremías que Israel es en manos del Señor como arcilla en manos de un alfarero: cuando ya no agradaba al Señor, debía ser moldeado de nuevo. Jeremías insiste en que el pueblo se ha obstinado en su corazón malvado. El pueblo se ha olvidado de Dios y sigue caminos torcidos. La sección concluye con una oración del profeta con ocasión de un atentado a su vida (Jr 18).

El Señor le dice a Jeremías que compre un jarro de cerámica y vaya con algunos ancianos y sacerdotes al portón sur de la ciudad de Jerusalén a través del cual salía la basura de la ciudad para ser quemada en el valle de Ben-Hinón. Allá Jeremías debería predicar la palabra del Señor concerniente a la destrucción de Judá y Jerusalén. El pueblo había quemado incienso a dioses falsos, sus reyes habían construido santuarios al dios Baal al cual habían ofrecido incluso la sangre de niños, cosa abominable a los ojos de Dios. Al valle de Ben-Hinón, dónde se había perpetrado tal atrocidad, se le llamará "valle de la matanza", pues caerán en él por la espada los habitantes de Judá y Jerusalén y sus cuerpos serán presa de aves de rapiña y animales salvajes. La ciudad se convertirá en un desierto. El pueblo practicará incluso el canibalismo, como resultado de las miserias infligidas a ellos por el invasor babilonio. Después de estas palabras, Jeremías romperá las jarras de cerámica y anunciará que del mismo modo sufrirían los habitantes de Judá y Jerusalén.

En el capítulo 20, un sacerdote oficial del templo, que oyó las palabras de Jeremías, mandó darle una paliza y lo puso en un calabozo. Al día siguiente, cuando soltaron a Jeremías, el profeta recibe una palabra del Señor con respecto al sacerdote que le había ordenado la agresión, de que él y su familia irían al exilio y allá morirían. Los versículos 7 al 18 se refieren a otras confesiones de

Jeremías en las cuales el profeta, seducido por Dios, lamenta las penas que tiene que sufrir por la palabra del Señor y a la vez renueva su confianza en Él.

Lectio divina

Pase de 8 a 10 minutos en contemplación silenciosa del siguiente pasaje:

El anuncio fiel de la palabra del Señor, le acarrea a Jeremías innumerables penas y sufrimientos. El rechazo del pueblo le lleva a experimentar honda frustración y tristeza en su misión. Jesús dirá que a un verdadero profeta lo desprecian en su patria (ver Mt 13:27). A Jesús le tocará no solo un rechazo semejante al de Jeremías, sino una suerte aún peor. Pero sus sufrimientos traerán la reconciliación con Dios a todo el pueblo, su salvación definitiva.

✠ ¿Qué más podemos aprender de este pasaje?

Preguntas de repaso

1. ¿Qué le pide el Señor al pueblo para liberarlo de sus enemigos?
2. ¿Qué llevó al pueblo a creer que estaría seguro en Jerusalén no obstante su conducta equivocada?
3. ¿Por qué le prohíbe el Señor a Jeremías que se lamente por la suerte de la nación?
4. ¿Cuál es el mensaje del pasaje del vaso de arcilla?

LECCIÓN 5
El libro de Jeremías (II)
JEREMÍAS 21—35

Miren que vienen días —oráculo del Señor— en que suscitaré a David un Germen justo: reinará un rey prudente, practicará el derecho y la justicia en la tierra (23:5).

Oración inicial (Ver página 14)

Contexto

Parte 1: Jeremías 21—23:8. Jeremías declara que el Señor luchará contra el pueblo de Judá. El Señor pronuncia amenazas contra los reyes de Judá y a la vez promete suscitar en el futuro a un rey justo para el pueblo.

Parte 2: Jeremías 23:9—35:19. Jeremías predice "setenta años" de cautiverio para Judá y es amenazado de muerte por su anuncio. El Señor le dice que anuncie que sirvan al rey de Babilonia o perecerán. Al ser llevados al exilio, Jeremías les envía una misiva con palabras de esperanza. El rey de Babilonia conquista Judá y también lleva al rey y a sus príncipes al exilio.

Parte 1: Estudio en grupo (Jeremías 21—23:8)

Leer en voz alta Jeremías 21—23:8

21:1-14 La suerte de Sedecías

Sedecías, rey de Judá, se rebela contra el rey de Babilonia. Como retaliación a su rebeldía, el rey Nabucodonosor sitia Jerusalén. El rey babilonio captura a Sedecías en su intento de huida, le saca los ojos, lo pone en cadenas y lo lleva a Babilonia. Los babilonios conquistan la ciudad y la destruyen con fuego (ver 2 Reyes 25:1-12). Al inicio de su resistencia, el rey Sedecías le envía a dos de sus hombres de confianza a Jeremías para que el profeta interceda al Señor para que proteja la nación como había hecho en el pasado. Jeremías profetiza que el Señor se manifestará contra el reino de Sedecías. El pueblo y los animales de Jerusalén morirán o por la espada o el hambre o la peste. El rey y sus ministros caerán en manos de Nabucodonosor. En 2 Reyes 24:19-20 se dice que Sedecías hizo lo que era desagradable a los ojos del Señor. Los que se resistan caerán por la espada y los conquistados serán llevados al exilio. Jerusalén será destruida por el fuego como este consume los árboles de una floresta.

22:1—23:8 El destino de los reyes

El Señor envía a Jeremías a advertirle al rey, a sus ministros y al pueblo que entra en la ciudad, que practiquen la justicia, librando al oprimido de las manos de su opresor, no explotando a la viuda, al huérfano y al extranjero y no derramando sangre inocente. Si ponen en práctica esta palabra seguirán encontrando el camino de la paz. Los palacios de Jerusalén, bellos e imponentes, hechos de cedros escogidos, serán cortados (22:7). Los pasantes preguntarán el por qué de dicha destrucción y recibirán la respuesta de que el pueblo de Judá había abandonado la alianza con su Dios, adorando y sirviendo a otros dioses. Contra Joacaz, el Señor dice que no lloren su muerte; con respecto a Salún, hijo de Josías, el Señor anuncia que no volverá más a la tierra: morirá en el exilio. A Joaquín, hijo de Josías, el Señor le reprocha su injusticia y su vida ostentosa y fanfarrona. Tendrá el entierro de un borrico: arrastrado y tirado fuera de las puertas de Jerusalén. Dirigiéndose a Jerusalén como si fuera una persona, el Señor la invita a subir a una alta montaña y contemplar sus alrededores: sus amantes (es decir las naciones que la habían defendido) han sido destruidos. A Jeconías, hijo de Joaquín, el Señor lo entregará en manos de los que buscan su muerte. Él y su madre, serán llevados al cautiverio y allá morirán.

El Señor castigará a todos los jefes del pueblo por descuidar del rebaño de Judá y los llevará al descarrío. A la vez el Señor promete reunir de nuevo a los sobrevivientes de su pueblo de las tierras donde habían sido dispersados. A su tiempo, el Señor suscitaría una "rama justa" en la casa de David (un rey), que practicará la justicia y el derecho en la tierra. Durante su reinado, el Señor salvará a Judá y traerá la paz a Israel. El nombre del nuevo monarca será, "el Señor, nuestra justicia" (23:5-6). El retorno de los exiliados de Babilonia, significará un nuevo Éxodo. El Señor le dará al pueblo de nuevo la libertad y el pueblo volverá a la tierra prometida.

Preguntas de repaso

1. ¿Por qué Sedecías y el pueblo de Judá rechazaron la predicación de Jeremías?
2. ¿Qué quería decir Jeremías con el mensaje de "servir al rey de Babilonia o perecer"?
3. ¿Quiénes son los pastores en el libro de Jeremías, que dispersarán el rebaño de Dios?

Oración final (ver página 15)

Hacer la oración final ahora o después de la *Lectio divina*.

Lectio divina (ver página 8)

Relaje su cuerpo y mantenga una postura de oración (espalda recta, ojos cerrados, pies en el piso). Puede tomar todo el tiempo que usted quiera en hacer este ejercicio, pero se considera que para fines de este estudio bíblico, de 10 a 20 minutos es suficiente.

Las meditaciones que se proporcionan a continuación tienen como finalidad simplemente ayudar a los participantes del grupo a utilizar esta forma de oración, pero tenga en cuenta que la *Lectio divina* tiene como finalidad el llevar a la persona a la contemplación orante, donde la Palabra de Dios hable al corazón.

Suerte de Sedecías (21:1-14)

El abandono del rey Sedecías de la alianza de Dios, le llevó también a una administración pública marcada por la injusticia. No obstante las repetidas admoniciones del Señor por boca de Jeremías, el rey se obstina en su parecer. Sus decisiones equivocadas, llevarán al cerco y a la destrucción de Jerusalén por parte de los babilonios. Nuestra unión con Dios capacita nuestro discernimiento. Su luz nos ayuda a tomar decisiones acertadas también en asuntos terrenos.

✠ ¿Qué más podemos aprender de este pasaje?

El destino de los reyes (22:1—23:8)

A pesar de la pecaminosidad de los israelitas y sus líderes, el Señor anuncia el adviento de un rey justo para la casa de David. Al retorno del exilio, sin embargo, la institución de la monarquía en Israel desaparecerá misteriosamente. La promesa de Dios, de una manera inesperada, se realizará en Jesús. El ángel Gabriel de hecho le dice a María, que al hijo que nacerá de ella, el Señor Dios le dará el trono de su padre David (ver Lc 1:32). En Jesús, Dios dio inicio al reino definitivo prometido por boca de los profetas.

✠ ¿Qué más podemos aprender de este pasaje?

PARTE 2: ESTUDIO INDIVIDUAL (JEREMÍAS 23:9—35:19)

Día 1: Justos pastores y falsos profetas (23:9—35:19)

Jeremías lamenta la idolatría del pueblo, la destrucción de la tierra, la corrupción de los gobernantes y la impiedad de profetas y sacerdotes. La perversión de los líderes del pueblo, atrae la ruina sobre ellos. Profetas de Samaría chocan al Señor por su culto al dios Baal, llevando al pueblo al error. Los profetas de Jerusalén siguen el mismo camino. El mal entre el pueblo aumenta tanto que las ciudades se tornan semejantes a Sodoma y Gomorra. El Señor alerta al pueblo a que no escuche el mensaje vacío de los falsos profetas, que no viene de Dios sino de su propio ingenio. El pueblo declara que se encuentra a salvo a pesar de su mala conducta. Procediendo así, rechaza la Palabra del Señor. El Señor se indignará hondamente con ellos. El pueblo entonces comprenderá que ellos no había sido enviados por el Señor. Se compara a los falsos profetas a la paja (que se dispersa y se quema) y a los verdaderos con el trigo (que se hace pan que nutre).

El mensaje del capítulo 24 tiene lugar después de la invasión de los babilonios y la deportación de Joaquín, sus príncipes y nobles a Babilonia. Jeremías tiene una visión de dos canastos de higos, uno con higos buenos y el otro con higos podridos. El Señor compara los higos buenos con los exilados que recibirán el favor de Dios. El Señor los protegerá y los hará regresar a la tierra y les dará un corazón que le conozca. Los higos podridos representan al rey, sus príncipes, los que quedaron en Jerusalén o huyeron a Egipto. Serán objeto de horror de los demás reinos y el Señor los castigará por la espada, el hambre y la peste.

En el capítulo 25, Jeremías predice la duración del exilio del Judá. Su profecía se ubica en el cuarto año del reino de Joaquín, rey de Judá y cuando Nabucodonosor se convirtió en rey de Babilonia. Durante veinte y tres años, Jeremías y otros profetas del Señor habían alertado al pueblo de Judá sobre la amenaza del exilio, pero ellos se habían rehusado a escuchar. Jeremías se refiere a Nabucodonosor como "siervo del Señor", subrayando así que la destrucción de Judá estaba bajo el dominio de Dios. Al término de los setenta años del exilio, la nación que destruyera Judá y Jerusalén, "bebería del vino de la ira de Dios", es decir también experimentaría destrucción.

Lectio divina

Pase de 8 a 10 minutos en contemplación silenciosa del siguiente pasaje:

El proceso que llevó a la destrucción de Jerusalén enseña que la verdadera profecía no es aquello que anuncia solo paz y prosperidad. El verdadero profeta es aquél que interpretando el caminar de la historia, sabe anticipar también los avenimientos negativos con la luz de Dios. La verdadera palabra de Dios, aunque por veces nos parezca difícil de aceptar y vivir, será siempre como pan, que nutre y lleva a la vida en plenitud.

✠ ¿Qué más podemos aprender de este pasaje?

Día 2: Jeremías es amenazado de muerte (26—27)

Esta vez, con la esperanza de que el pueblo le escuchase y se desviara de sus malos caminos, el Señor envía a Jeremías al templo para que transmita de nuevo el mensaje al pueblo. Al oír la predicación de Jeremías, juzgando que el profeta estaba degradando el templo y la ciudad de Jerusalén al anunciar su ruina, representantes del pueblo lo apresan y lo llevan ante las autoridades pidiendo su muerte, acusándole de blasfemia. Jeremías insiste que ha sido el Señor quién lo envió a profetizar contra el templo y la ciudad y ruega al pueblo que abandone sus malos caminos y escuche la voz del Señor. Jeremías está dispuesto a aceptar incluso el veredicto de muerte, pero advierte que, al matarle, estarán cargando sobre sí la culpa por su sangre inocente. Los líderes del pueblo liberan a Jeremías. Para subrayar como el peligro de muerte era real, el libro de Jeremías habla de la muerte de un profeta llamado Urías, que habiendo profetizado contra Judá en los mismos términos de Jeremías, huyó a Egipto y allá fue asesinado por un emisario del rey.

En el capítulo 27 el Señor le dice a Jeremías que transmita un mensaje a los reyes que planeaban rebelión contra Babilonia, así como al rey Sedecías de Judá. Dicha profecía parece fecharse pocos años antes de la invasión de los babilonios. El Señor advierte que, si la nación se somete al rey de Babilonia, escapará la destrucción, visto que la misma Babilonia sería posteriormente vencida. Jeremías le advierte al pueblo que no escuche el mensaje de sus falsos profetas y adivinos, que anunciaban un buen resultado de la situación.

Lectio divina

Pase de 8 a 10 minutos en contemplación silenciosa del siguiente pasaje:

Jeremías está dispuesto a dar su misma vida por la Palabra del Señor. Está seguro de que el mensaje que trasmite no es suyo, sino de Dios. Por su fidelidad a Dios, es librado de la muerte y de su experiencia de angustia, sale más fortalecido en su misión. Por nuestra fidelidad a Dios podremos experimentar muchas veces incomprensiones y rechazos. Pero si perseveramos, saldremos de las situaciones de dificultad aún más fortalecidos en nuestra fe.

✠ ¿Qué más podemos aprender de este pasaje?

Día 3: Carta a los exilados de Babilonia (28—29)

Un falso profeta de nombre Jananías, dice a los sacerdotes y al pueblo en el templo, que dentro de dos años el Señor romperá el yugo del rey de Babilonia. Entonces hará volver del cautiverio a Jeconías, hijo del rey Joaquín, junto con los demás exilados y los vasos del templo de Señor que Nabucodonosor se había llevado a Babilonia. Jananías entonces rompe el yugo que Jeremías traía al cuello como forma de enfatizar su anuncio. Jeremías entonces va por su camino. El Señor le dice a Jeremías que le anuncie a Jananías que nada ni nadie escapará el yugo de Babilonia. Jeremías le anuncia la muerte a Jananías por haber profetizado falsamente y llevado el pueblo al error.

Jeremías entonces envió una carta a los demás exilados en Babilonia, entre los cuales se contaba el rey Jeconías, la reina madre, los oficiales de la corte, los príncipes de Judá y Jerusalén, artesanos y herreros. En su mensaje, Jeremías anima a los exilados a establecerse en Babilonia de forma pacífica. El Señor desea mantener en vida a un resto que hará volver a su tiempo a Judá y Jerusalén, cuando destruirá el poder de Babilonia. Que construyan una vida normal en el exilio y de manera sorprendente, que incluso oren por el bienestar de la ciudad de su exilio. El Señor les anuncia que después de setenta años, les hará volver a la tierra, si buscan al Señor de todo corazón. El pueblo que se quede en la tierra de Judá, morirá por la espada, el hambre o la peste. El rey de Babilonia quemará, castigo típico de los babilonios, a dos falsos profetas (Ajab y Sedecías) que dijeron mentiras en nombre del Señor. Un profeta exiliado de nombre Semaías, envió una carta a Sofonías en Jerusalén, para que apresara en nombre del Señor a Jeremías. Al oír el contenido de dicha carta, el Señor le dice a Jeremías que envíe una réplica a Babilonia, diciéndole a Semaías que por haber desobedecido al Señor, ni él ni sus descendientes volvería a la tierra al fin del exilio.

Lectio divina

Pase de 8 a 10 minutos en contemplación silenciosa del siguiente pasaje:
> En la historia del pueblo de Dios, siempre surgieron falsos profetas que interpretaron erróneamente las palabras del Señor. Muchos han sido seducidos por su mensaje, y se desviaron del verdadero camino de Dios. Jesús alertó que también en la caminada del pueblo de la

nueva alianza, surgirían muchos falsos profetas que engañarían a muchos (ver Mt 24:11). El Señor viene en nuestro auxilio con la gracia del Espíritu Santo para que sepamos discernir su voz, si se lo pedimos con corazón humilde.

✠ ¿Qué más podemos aprender de este pasaje?

Día 4: La restauración (30—32)

La sección que comprende los capítulos 30 y 31 del libro de Jeremías, ha sido intitulada por los comentadores como "libro de la consolación". Este contiene estupendos oráculos de conforto y ánimo al pueblo y preciosas promesas de restauración, entre los cuáles está la hermosa promesa de la nueva alianza (Jr 31). Los primeros siete versículos del capítulo 30 todavía enfatizan las circunstancias calamitosas en las que se encontrara el pueblo. A partir del v.8, la sección despliega una secuencia de oráculos de consolación. El Señor confirma que romperá el yugo de Babilonia. Los israelitas no deben temer. A su tiempo, el Señor vendrá en su auxilio. Aunque su punición fue justa, el Señor no había permitido su total destrucción. El pueblo sufre de una llaga aparentemente mortal. Nadie puede curarlo y los falsos dioses en los cuales había puesto su confianza, se olvidaron de ellos. El Señor, el único Dios verdadero, les traerá remedio y le curará las heridas. Así el Señor cambiará la "suerte de las tiendas de Jacob" (v.18), Jerusalén será reconstruida sobre el monte Sión, sus palacios se restaurarán, sus hijos volverán y serán una comunidad estable ante el Señor. Serán su pueblo y el Señor será su Dios. El líder de la nación no será más un extranjero.

El Señor ha amado a Israel con amor eterno. Por esto restaurará a Judá y a Jerusalén. La tierra de nuevo se vestirá de júbilo, canto y danzas. De todos los lugares de Israel, vendrán atraídos al monte Sión, a la presencia del Señor y se regocijarán por la salvación de Dios. El Señor traerá a su pueblo a los torrentes de agua, por camino recto. Porque Él es padre para Israel y Efraín es su hijo primogénito (31:9). La buena nueva de la salvación de Dios se esparcirá por entre las naciones vecinas. Todos sabrán que "El que dispersó a Israel lo reunirá y lo cuidará cual un pastor su rebaño" (31:10). La tierra y el pueblo prosperarán como jardín florido bien irrigado. El siguiente oráculo menciona a Raquel, esposa de Jacob, madre de José y Benjamín, cuya tumba se creía que estaba en Ramá. En aquél mismo sitio, al parecer, los israelitas habían sido reunidos antes de ser llevados al exilio de Babilonia. Desde su tumba, Raquel llora por sus hijos que son llevados al exilio. El Señor se compadecerá de Efraín por su rebeldía. Su justicia será proclamada en todas las ciudades de Judá. Cada quien será responsable de sus propias acciones. En el centro del capítulo 31 está la hermosa promesa de la nueva alianza. El Señor promete poner su ley en el corazón del pueblo. Entonces el pueblo lo reconocerá como su Dios. Todos conocerán al Señor, desde el mayor al menor. El Señor habrá perdonado su culpa y ya no recordará su pecado.

A la promesa de la nueva alianza, le sigue la narración de un episodio lleno de valor simbólico. Volvemos al período del cerco de Jerusalén. Jeremías se encuentra de nuevo apresado por orden del rey Sedecías, por sus anuncios de destrucción de Judá y Jerusalén. No obstante la amenaza de destrucción, Jeremías adquiere una propiedad en su ciudad natal (Anatot), como gesto simbólico de manifestación de su confianza en la promesa de restauración anunciada por el Señor (Jr 32).

Lectio divina

Pase de 8 a 10 minutos en contemplación silenciosa del siguiente pasaje:

> La estupenda promesa de la nueva alianza, anuncia la generosidad de Dios en la salvación de su pueblo. El Señor quiere que seamos verdaderamente suyos. En Cristo el Señor ha actualizado la promesa dada a su pueblo por medio de Jeremías. El Señor continúa obrando para que la vida nueva que recibimos en nuestro bautismo, se haga siempre más realidad en nosotros. El Padre busca que tengamos un corazón siempre más renovado y libre para el amor auténtico, hacia Él y hacia nuestro prójimo. Por eso nos dona constante y generosamente su gracia.
> ✠ ¿Qué más podemos aprender de este pasaje?

Día 5: Restauración de Jerusalén (33—35)

La palabra del Señor vino a Jeremías mientras estaba bajo custodia. Las casas de Jerusalén, incluso la del rey de Judá estaban siendo destruidas en el esfuerzo por defender la ciudad contra los babilonios. Muchos hombres habían muerto en el intento de defensa. El Señor promete restaurar y sanar a la ciudad, purificando al pueblo de su culpa y perdonándolo. La restauración será fuente de alegría para el Señor y redundará en su alabanza ante de las naciones.

El Señor le habla de nuevo a Jeremías sobre la desolación de Jerusalén y Judá, pero renueva su promesa de salvación (representada en los cantos de gozo, la alegría, las bodas y las ofrendas en el templo). Renueva su promesa de suscitar un líder justo para el pueblo de la casa de David (33:15). Jeremías subraya que la promesa del Señor es tan estable como su alianza con el día y la noche (que siguen su ciclo sin interrupción). Los israelitas volverán a multiplicarse como las estrellas del cielo y la arena de la playa (término de la alianza con Abrahán). Las tribus de Judá y Benjamín (las dos que componen el reino del sur) sobrevivirán. El Señor restablecerá la realeza y el sacerdocio legítimo por siempre.

En el capítulo 34, el Señor envía a Jeremías a decirle al rey Sedecías que la ciudad caerá en manos del rey de Babilonia, que la llevará a la ruina por el fuego. Sedecías no tendrá modo de huir, sino que afrontará a los babilonios cara a cara. Le dice que no morirá por la espada, sino en paz y tendrá sepultura real. Durante una tregua, Sedecías había intentado un pacto con los príncipes del pueblo de que liberasen a los esclavos hebreos (hechos tales por deudas con sus señores). Esto había sido del agrado del Señor. El pueblo sin embargo da marcha atrás. El Señor les dice por boca de Jeremías, que su mala acción, traería sobre líderes y pueblo la calamidad y muerte. El capítulo 35 refiere el ejemplo de los recabitas (pueblo nómada que, por la invasión babilonia, se había refugiado en Jerusalén). El Señor le dice a Jeremías que lleve a algunos de dicho grupo a una sala del templo y ponga vino abundante a su disposición. Los recabitas se rehúsan a beber, pues su ancestral Jonadab les había prohibido beber vino. El ejemplo de los recabitas debería ser proclamado al pueblo de Judá por Jeremías, como manera de insistirles a ellos que habían desobedecido a Dios.

Lectio divina

Pase de 8 a 10 minutos en contemplación silenciosa del siguiente pasaje:
> Por boca de Jeremías, el Señor invita una y otra vez al pueblo a que cambie de rumbo y a los líderes del pueblo a que escapen la destrucción,

pero fue en vano. Jerusalén será destruida. Judá quedará como un desierto. Los líderes y el pueblo serán llevados al exilio. El Señor no deja de llamarnos y ayudarnos a evitar problemas y calamidades. La desatención a la voz de Dios nos puede llevar a obstinarnos en nuestros juicios parciales y tomar decisiones muy equivocadas.

✠ ¿Qué más podemos aprender de este pasaje?

Preguntas de repaso

1. ¿Cuál es el significado de la imagen utilizada por el Señor de la canasta de higos?
2. ¿En qué contrastan la vida de Jeremías y del profeta Urías?
3. ¿Qué quiere decir Jeremías al afirmar que el pueblo, o sirve a Babilonia o perecerá?

LECCIÓN 6
El libro de Jeremías (III)
JEREMÍAS 36—52

Así dice el Señor de los Ejércitos: Aquella ancha muralla de Babilonia ha de ser socavada, y aquellas sus altas puertas con fuego han de ser quemadas, y se habrán fatigado pueblos para nada, y naciones para el fuego se habrán afanado (51:58).

Oración inicial (Ver página 14)

Contexto

Parte 1: Jeremías 36—38. Jeremías le dicta a Baruc un mensaje para que se lo lea al pueblo en el atrio del templo. Al recibir el rollo con el mensaje de Jeremías, el rey lo hecha al fuego por sus predicciones sobre Jerusalén. Jeremías le dicta por segunda vez el mensaje a Baruc. Jeremías sufre el encarcelamiento pero, por órdenes del rey, es liberado.

Parte 2: Jeremías 39—52. Jerusalén es capturada y Nabucodonosor nombra a Godolías como gobernante de las ciudades de Judá. Jeremías opta por permanecer en Judá, bajo el gobierno de Godolías. El líder es asesinado y Jeremías huye entonces a Egipto. Continúa hablándoles a los remanentes de Judá de parte del Señor, pero estos no le escuchan. Al intentar huir a Egipto encuentran la muerte. El libro concluye con oráculos contra las naciones y un apéndice histórico sobre la destrucción de Judá y Jerusalén.

Parte 1: Estudio en grupo (Jeremías 36—38)

Leer en voz alta Jeremías 36—38.

36—37 El mensaje de Jeremías

Jeremías llama a Baruc y le dicta un mensaje del Señor con respecto a Israel, Judá y otras naciones. Por lo que menciona Jeremías (Jr 36:1) debía ser el año 605-604 a.C. El escrito debería ser leído por Baruc en el atrio del templo al pueblo reunido en asamblea. A Jeremías le habían prohibido ir al templo. Entre el pueblo se encontraban un oficial del rey, que manda llamar a Baruc para que lea el mensaje a los demás oficiales del rey. Al oírlo, los príncipes le dijeron a Baruc que él y Jeremías deberían esconderse, y luego informaron al rey Joaquín el contenido del rollo. El rey manda que lo lean en su presencia y al escuchar su contenido, lo corta y lo va echando al fuego. Luego ordena que apresen a Baruc y a Jeremías, que ya se habían escondido. El Señor entonces le ordena a Jeremías que tome otro rollo y le vuelva a dictar a Baruc todas las palabras contenidas en el primer rollo, as las cuales se les añadieron otras.

Sedecías hijo de Josías, reinó en lugar de Jeconías hijo que Joaquín, a quien Nabucodonosor nombró rey de Judá. Pero ni el rey ni el pueblo escucharon la palabra del Señor anunciada por medio de Jeremías (37:2). Sedecías envía a un mensajero a pedirle a Jeremías que le suplique al Señor por la nación. Los babilonios se retiran al oír que el ejército del faraón venía para defender la ciudad. El Señor instruye a Jeremías que informe a Sedecías que el ejército de Egipto haría retirada y los babilonios volverían y aniquilarían a Jerusalén. Jeremías se va de Jerusalén para resolver un asunto en el territorio de Benjamín. El capitán de la guardia lo pilla, los acusa de deserción y aunque insistió en negarlo, Jeremías es apaleado y llevado a una prisión, en la cual permanece algunos días. Sedecías ordena que Jeremías sea llevado al palacio. El rey le pregunta secretamente si había recibido alguna palabra del Señor. Jeremías anuncia que el rey caerá en manos de los babilonios. Jeremías le pide que no lo eche de nuevo en la prisión donde seguro morirá y el rey entonces lo envía al patio de la guardia y ordena que se le dé una ración de pan cada día.

38:1-28 Jeremías en la cisterna fangosa

Jeremías predica que el que permanezca en Jerusalén morirá por la espada, el hambre o la peste, mientras que los que se entreguen a los caldeos conservarán la vida. Los príncipes del pueblo acusan a Jeremías de desmoralizar a los guerreros y al pueblo con su mensaje. Entonces echan a Jeremías en una cisterna fangosa. Un eunuco etíope, siervo del palacio, suplica al rey por Jeremías, diciéndole que el profeta morirá de hambre visto que ya no hay pan en la ciudad. Jeremías entonces es de nuevo llevado al patio de la guardia. El rey le habla por última vez y le pide un mensaje de Dios, prometiendo preservarle la vida. El mensaje del Señor es que si el rey se entrega al rey de Babilonia, no morirá, preservará la ciudad y su misma familia. Jeremías le asegura que nada le acontecerá. Sin embargo, si se rehusa a acoger el mensaje de Dios, vendrá la catástrofe. Sedecías le pide a Jeremías que nadie sepa de aquel encuentro y le instruye como responder si le preguntasen los príncipes. Jeremías es de nuevo llevado al patio de la guardia hasta la captura de Jerusalén. Estará allí cuando la ciudad sea conquistada.

Preguntas de repaso

1. ¿Quién fue Baruc?
2. ¿Por qué el rey permite que el rollo escrito por Jeremías fuera quemado?
3. ¿Por qué maquinó el pueblo la muerte de Jeremías?

Oración final (ver página 15)

Hacer la oración final ahora o después de la *Lectio divina*.

Lectio divina (ver página 8)

Relaje su cuerpo y mantenga una postura de oración (espalda recta, ojos cerrados, pies en el piso). Puede tomar todo el tiempo que usted quiera en hacer este ejercicio, pero se considera que para fines de este estudio bíblico, de 10 a 20 minutos es suficiente.

Las meditaciones que se proporcionan a continuación tienen como finalidad simplemente ayudar a los participantes del grupo a utilizar esta forma de oración, pero tenga en cuenta que la Lectio divina tiene como finalidad el llevar a la persona a la contemplación orante, donde la Palabra de Dios hable al corazón.

El mensaje de Jeremías (36—37)

Por predicar con fidelidad el mensaje del Señor, Jeremías se hace antipático a los líderes y al pueblo de Judá y Jerusalén que descargan en él su descontento. El Señor de la historia, envía a sus profetas a que anuncien un mensaje de salvación y a denunciar la mentira y la injusticia. Muchos esperan que el mensaje de Dios sea conforme a sus caprichos y deseos. Pero el mensaje del Señor siempre nos llama a más y a salir de nuestros esquemas mezquinos. Es un mensaje que liberta y trasforma. Los profetas de ayer y hoy han dado incluso su vida, por la fidelidad a Dios, como de reciente ha sido el caso del arzobispo de San Salvador, el beato Oscar Romero.

✠ ¿Qué más podemos aprender de este pasaje?

Jeremías en la cisterna fangosa (38:1–28)

Con el pasar del tiempo, el mensaje de Dios comprometerá la vida y persona de Jeremías de una manera siempre más intensa. El profeta, hombre de fe, se adherirá siempre de modo más profundo a la palabra del Señor y la anunciará con valentía, aceptando plenamente las consecuencias. En los tiempos de la Iglesia, el Señor no ha dejado jamás que falten voces proféticas que han anunciado el mensaje de Dios para seguir llamando a su pueblo a la conversión, al cambio y hasta a la entrega de la propia vida.

✠ ¿Qué más podemos aprender de este pasaje?

Parte 2: Estudio individual (39—52)

Día 1: La captura de Jerusalén (39—41)

Cuando el rey de Babilonia y su ejército cercan Jerusalén, por la noche Sedecías intenta huir de la ciudad con un grupo. Pero los caldeos los capturan. Son entonces llevados ante el rey de Babilonia, quien manda ejecutar a los hijos de Sedecías en su presencia y en la de todos los nobles. Como Jeremías predijo, el rey ciega a Sedecías y lo lleva en cadenas a Babilonia. Los babilonios entonces queman las casas de Jerusalén y derrumban los muros de la ciudad. El capitán del ejército lleva a muchos de los habitantes al cautiverio. El rey de Babilonia ordena que no toquen a Jeremías. Se le ofrece al profeta la opción de ir a Babilonia o quedarse en Jerusalén. Jeremías escoge quedar bajo el amparo de Godolías, mayordomo del rey, y pasa a vivir en las cercanías de Jerusalén. Jeremías le dice al eunuco que no será entregado a los babilonios y que no morirá. Los remanentes líderes militares y sus soldados se presentan a Godolías, el cual les jura que todo les irá bien si sirven al rey de Babilonia. Por orden de Godolías se ponen a producir vino y aceite. A ellos se les unen otros judíos que habían escapado a regiones vecinas. Un hombre de nombre Juan avisa a Godolías del intento del rey de Amón de matarle. Godolías no le dio crédito (Jr 40). Un tal Ismael junto con diez hombres vienen dónde Godolías y lo asesinan. También asesinan a los militares que se les habían unido y a soldados babilonios. Al día siguiente, un grupo de hombres con señales de penitencia, llegan de Silo y Samaria. Traen incienso para el templo. Ninguno sabía de la muerte de Godolías. Al encontrarlos, Ismael y sus soldados los trucidan y echan sus cuerpos en una cisterna. Por temor de la represalia de los babilonios, Ismael huye al territorio de Amón con ocho de sus hombres. Juan, por su parte, huye con su ejército a Egipto (Jr 41).

LECCIÓN 6: EL LIBRO DE JEREMÍAS III

Lectio divina

Pase de 8 a 10 minutos en contemplación silenciosa del siguiente pasaje: El rey Sedecías, no solo no da oídos a las admoniciones de Jeremías, sino que, al cerco de los babilonios, junto con un grupo de sus cercanos, abandona al pueblo huyendo por una brecha del muro de Jerusalén. Su huida resulta en nada. A su mismo comportamiento le seguirán otros después de la catástrofe con un fracaso semejante. Es triste contemplar el error agregándose a otro error. Es vergonzoso contemplar la irresponsabilidad de quienes deberían servir con su autoridad.

✠ ¿Qué más podemos aprender de este pasaje?

Día 2: El conflicto se extiende a Egipto (42—45)

Juan y los remanentes líderes militares le piden a Jeremías que interceda al Señor por ellos, esperando que el Señor les ayudará. Jeremías accede y ellos prometen con juramentos que seguirían todo lo que el Señor les dijese por boca de Jeremías, estén de acuerdo con ello o no. Después de algunos días, Jeremías les dice que se queden en la tierra de Judá. Si desobedecen al Señor y se van para Egipto, esperando escapar de la guerra y el hambre, los encontrarán allá. El capítulo 43 del libro de Jeremías recuenta que el pueblo desobedece y parte para Egipto, acusando a Jeremías de mentir. Por medio de un gesto simbólico, Jeremías anuncia a los judíos que le observan que Babilonia hará una exploración y devastará también la tierra de Egipto. Dicha devastación tuvo lugar en el año 568 a.C. El Señor pregunta por qué los Judíos, partiendo para Egipto, acrecentaban aquel. Su huida a Egipto les llevaría a desagradar aún más al Señor, al ofrecerles culto a los dioses de aquel país. Por su pecado perecerán. Gentes del pueblo reta la interpretación de Jeremías de la destrucción de Jerusalén. La calamidad que les había sobrevenido no ocurrió por sus ofrecimientos a los ídolos. El desastre les había venido porque dejaron de quemar incienso a la diosa llamada "reina del cielo". Jeremías protesta. Si no se convierten, sufrirán lo mismo. El Señor garantiza que entregará a Egipto en manos de sus enemigos.

Lectio divina

Pase de 8 a 10 minutos en contemplación silenciosa del siguiente pasaje: En situaciones de dificultad, es muy común que se hagan promesas, que más parecen canjes con Dios. Muchos, al no alcanzar lo que quisieran, se rebelan contra el Señor mientras otros, al recibir los beneficios deseados, se olvidan de cumplir lo prometido. En definitiva, la actitud correcta es la de escuchar la voz de Dios y seguir con humildad lo que va inspirando. Aunque su camino nos parezca extraño, será siempre el más acertado.

✣ ¿Qué más podemos aprender de este pasaje?

Día 3: Oráculos contra las naciones (46—48)

Aunque el libro de Jeremías introduce una serie de oráculos contra naciones extranjeras en los capítulos 46 a 51, estos no son puestos en orden cronológico. Jeremías empieza proclamando un oráculo del Señor contra Egipto. En 605 a.C. el rey de Babilonia frustra planes de expansión de Egipto, derrocando un ejército del país en las cercanías del Éufrates. El ejército egipcio huye en retirada ante el ejercito babilonio. En 604 a.C. el rey de Babilonia llega hasta Egipto pero luego se retira, posiblemente para no dejar su tierra desprotegida. El Señor anuncia exilio también para Egipto. Entregará a Egipto con sus falsos dioses en manos de Nabucodonosor. Pero luego volverá a ser habitado como en tiempos antiguos. La restauración de Egipto favorecerá a Israel.

En el capítulo 47, Jeremías profiere un oráculo contra los filisteos, enemigos históricos de Israel. Nabucodonosor de hecho atacará este pueblo en 604 a.C. Con una serie de imágenes, Jeremías habla de la devastación babilonia de la tierra filistea. En el capítulo 48, la palabra se vuelve contra Moab, territorio al este del Mar Muerto. Aunque el pueblo intente huir, Moab con su dios Camós, empezando por sus lugares más pequeños, quedará como un desierto, o más bien como un cementerio. Tierra famosa por sus viñas y poderosos guerreros, será devastada por Babilonia. Su devastación será motivo de gran luto y llanto. También los moabitas serán llevados al exilio. Pero el Señor también les promete una futura restauración.

LECCIÓN 6: EL LIBRO DE JEREMÍAS III

Lectio divina

Pase de 8 a 10 minutos en contemplación silenciosa del siguiente pasaje:

En el antiguo oriente, el resultado de las guerras entre naciones, era impregnado de un sentido religioso, sirviendo para manifestar la fuerza o debilidad, superioridad o inferioridad de sus respectivas divinidades. La victoria final del Señor sobre todas las naciones que le hicieron mal a su pueblo, es anunciada por los profetas como manifestante de la superioridad del Señor sobre los dioses paganos que nada son. El anuncio de restauración también le sirve al profeta para afirmar la verdad fundamental del gran atributo del Señor: su misericordia.

✠ ¿Qué más podemos aprender de este pasaje?

Día 4: La Palabra del Señor contra las naciones (49—50)

En el capítulo 49, Jeremías refiere oráculos contra Amón, Edom, ciudades sirias, tribus árabes y Elam. El oráculo contra Amón anuncia que no solo su tierra será devastada sino, en tono irónico, que su mismo dios Milcón irá al exilio. Edom era famosa por sus sabios (ver 1 Reyes 5:10–11, Br 3:22–23). La arrogancia le seduce. El Señor le humillará. Edom se hará objeto de espanto por su destrucción: quedará como Sodoma y Gomorra. A seguir Jamat, Arpad y Damasco, ciudades de Siria, oirán la mala noticia. Se agitarán de aflicción (posible referencia a la inquietud generada en Siria, entonces dominio egipcio, cuando ocurrió la derrota de Egipto en 605 a.C. contra los babilonios). La capital de Siria, Damasco, será consumida por el fuego. La población nómada de Quedar y Jasor, áreas de Arabia, serán destruidas por el pueblo de oriente, así como sus tiendas y rebaños. Huirán para evitar el terror. Nabucodonosor fácilmente conquistará las ciudades. Finalmente, Jeremías profiere un oráculo contra Elam, fechado al inicio del reino de Sedecías (597 a.C.). Situado en las llanuras al oriente de Mesopotamia, Elam es dónde empieza la invasión de los medas y persas. Conocida por la habilidad de sus arqueros, Elam temblará delante del enemigo del norte y será dispersado.

Los capítulos 50 y 51 contienen una colección de oráculos contra Babilonia. Algunos hablan de la caída de Babilonia como ya completada; otros como un evento futuro. La sección empieza con una referencia a dos grandes divinidades de Babilonia, Bel y Marduc, que se mencionan, avergonzado uno y arrasado el otro. El pueblo del norte que avanza con ellos posiblemente son los persas. Durante su dominación, los hijos de Israel serán autorizados a volver a Israel, al que se compara a un rebaño sin pastor. Babilonia luego es comparada a una madre que ha sido avergonzada y herida. Los israelitas habían sido como ovejas perseguidas por leones: primero por el rey de los asirios y luego por el de los babilonios. El Señor, que conoce la opresión de su pueblo, castigará a ambos. Al devastar la heredad del Señor y su templo, lo insultaron. Serán punidos por su insolencia. Serán devorados por la espada. Gran noticia será el anuncio de su destrucción: tendrá la fuerza de un terremoto.

Lectio divina

Pase de 8 a 10 minutos en contemplación silenciosa del siguiente pasaje:
> La arrogancia desagrada al Señor, no la excelencia de sus dones. Algunos tienen grandes habilidades prácticas; otros, especiales luces de inteligencia u otros dones. Los talentos recibidos de Dios se deben usar para el bien y la edificación, y no para el mal o la vanagloria. La sección de los oráculos contra las naciones puede ser interpretado de esta manera.
> ✠ ¿Qué más podemos aprender de este pasaje?

Día 5: Segundo conjunto de oráculos contra Babilonia (51—52)

En el capítulo 51 en el libro de Jeremías hay otro oráculo del Señor contra Babilonia, semejante al ya presentado en el capítulo 50. Un viento devastador vendrá del norte y Babilonia será arrasada como grano que está seco. Habrá heridos por todas partes. Ha llegado el tiempo del pago de la ciudad destruidora. La gran ciudad, dominadora de pueblos, ha sido vencida. No habrá curación para sus heridas. Babilonia había sido como un martillo de guerra en manos del Señor. El mal que hicieron ahora tendrá su pago. Babilonia dormirá un sueño eterno, sin jamás poder despertar. El Señor destruirá sus ídolos, supuestos protectores de la ciudad y la muralla de Babilonia caerá. El capítulo concluye al mencionar una orden que Jeremías le da a Serayas el gran chambelán del rey Sedecías, al él partir con el rey para Babilonia. Todos los oráculos que Jeremías escribiera contra Babilonia, Serayas los debería leer en voz alta a los exiliados. Al terminar de leerlos, Serayas debía atar el rollo a una piedra y echarlo al Éufrates, diciendo: "Así se hundirá Babilonia y no se recobrará del mal que yo mismo voy a traer sobre ella" (51:64). El capítulo 52, en forma de apéndice, repite, con algunos complementos, partes de lo que se lee en 2 Reyes 24:18–25.30 acerca de la conquista de Jerusalén y el favor concedido a Joaquín, de parte del rey de Babilonia, en el trigésimo séptimo año de su deportación. El rey lo sacó de la cárcel y lo favoreció más que a otros reyes conquistados, concediéndole incluso comer a la mesa del rey hasta el día de su muerte.

Lectio divina

Pase de 8 a 10 minutos en contemplación silenciosa del siguiente pasaje:

El Señor no solo anuncia salvación a su pueblo, sino también la actuación de su justicia con respecto a sus opresores. Por caminos misteriosos y solo a Dios conocidos, su justicia siempre se ejecuta. Dios busca sacar un bien mayor de todo. El hombre juzga por las apariencias. La fe nos permite entrever el obrar de Dios.

✠ ¿Qué más podemos aprender de este pasaje?

Preguntas de repaso

1. ¿Quiénes han sido dejados en Jerusalén después de la invasión de Babilonia? ¿Por qué?
2. ¿Por qué desagradó al Señor la huida de un grupo de Judá a Egipto?
3. ¿Qué misión le dio Jeremías a Serayas?

LECCIÓN 7
Las Lamentaciones y Baruc
LAMENTACIONES 1—5 Y BARUC 1—6

¡Qué solitaria se encuentra la otrora Ciudad populosa! Como una viuda ha quedado la grande entre las naciones. La Princesa de las provincias sometida está a tributo (Lamentaciones 1:1).

Oración inicial (Ver página 14)

Contexto

Parte 1: Lamentaciones 1—2. El libro de las Lamentaciones contiene cinco poemas en forma de lamento por la destrucción de Jerusalén en 587 a.C. Por algún tiempo se pensó que la obra había sido escrita por Jeremías. Los primeros dos lamentos se refieren a la desolación sufrida por Jerusalén, por la "indignación" del Señor.

Part 2: Lamentaciones 3—5; Baruc 1—6. El tercer poema hace voz del lamento de un individuo que experimentó la aflicción. El cuarto, lamenta las miserias padecidas por el pueblo de Jerusalén y el quinto llora la situación en la que quedó reducido el pueblo, suplicando al Señor que los acepte de nuevo como en el pasado. Baruc comienza con la lectura de un escrito en presencia de Jeconías, hijo de Joaquín, rey de Judá. Contiene cuatro composiciones, una sección sobre las maravillas de la sabiduría y termina con una carta atribuida a Jeremías, en la cual se reconoce la culpabilidad del pueblo, la justicia de Dios y una súplica por su misericordia.

Parte 1: Estudio en grupo (Lamentaciones 1—2)

Leer en voz alta Lamentaciones 1—2

1:1-22 Desolación de Jerusalén

Aunque no perceptible del todo en traducción, el libro de las Lamentaciones, emerge como una composición muy bien articulada y de gran expresividad. Los capítulos 1 al 4, se componen de 22 versículos con tres versos cada uno, el primero de los cuales empieza con una letra del alfabeto hebreo (que de hecho tiene 22 letras). En el capítulo 3, cada uno de los tres versos que componen los versículos empieza con la letra correspondiente (el nombre de las cuáles viene normalmente escrito en nuestras biblias al margen de los mismos). El capítulo 5, compuesto de manera más libre, sirve de conclusión al poema.

Lamentaciones empieza con la constatación de la soledad en la que quedó la ciudad anteriormente populosa. Jerusalén, antes "primera entre las naciones", se encuentra ahora como una viuda y una esclava, que llora incesantemente sin encontrar consoladores entre sus "amantes" (es decir las naciones que en el pasado le había ayudado y protegido). Judá fue llevada al exilio, habita entre las naciones, oprimida y subyugada, en condiciones extremas. Los caminos para Sión y las puertas de la ciudad, antes poblada de pasantes, ahora se encuentran vacíos. La gloria de Judá pereció y sus príncipes vaguean como ciervos sin pastaje. A causa de sus pecados, los que una vez le honraban, ahora la humillan viendo su desnudez (punición que recibían prostitutas acusadas de delito). Al volver a otros dioses, Jerusalén se hizo como una prostituta a los ojos del Señor. Jerusalén reconoce no tener futuro. Atestigua la pérdida de sus más preciosos tesoros, inclusive los del templo del Señor. Entre gemidos el pueblo procura pan; da sus bienes por comida. Jerusalén se tornó impura, llora sin encontrar consoladores. Los sacerdotes y ancianos vaguean por alimento que les devuelva la vida. Jerusalén gime y llora, mientras sus enemigos se alegran por sus castigos. Le suplica al Señor que examine su estado deplorable.

2:1-22 Ira de Dios y ruina de Sión

Por los muchos pecados de su pueblo, Israel antes "estrado de sus pies", ahora ha sido objeto de la ira del Señor. Con dicha expresión, el autor parece hacer referencia al Templo destruido. La ruina del país, le destrucción de Judá e Israel, es atribuida por el poeta a Dios, quien ya no protege más la heredad de Jacob, su escogido. El Señor es comparado a un soldado enemigo que estira su arco contra el pueblo y la tierra. Las defensas de Israel y Judá han sido destruidas. El Señor rechazó su "tienda" (el templo), su altar, su santuario, y de este modo, el lugar donde el pueblo podía celebrar sus fiestas y sus sábados. En vez de gritos de júbilo, en el santuario resonaron gritos de victoria del enemigo que lo destruía. La alegría se trasformó en luto. Reyes, príncipes, sacerdotes, profetas, ancianos lloran la ruina a su alrededor. La angustia asola al poeta, de un modo especial al contemplar a los niños que mueren de hambre sobre el regazo de sus madres. La devastación de Jerusalén es amplia como el mar y sobrecogedora. Los falsos profetas no revelaron sus faltas y la sedujeron con falsos oráculos. Los pasantes extranjeros se burlan de la ciudad antes llamada "hermosa" y celebran su ruina. Los horrores de la destrucción de Sión, suscitan llanto día y noche sin descanso. Por tierra, los cuerpos de jóvenes y viejos, doncellas y jóvenes, yacen muertos sin piedad. El día de la "ira del Señor" no hubo quién escapase.

Preguntas de repaso

1. ¿Cuál es el tema central del libro de las Lamentaciones?
2. ¿Cómo interpreta el autor la "ira de Dios" en el poema?
3. ¿Cuál es la causa de la ruina de Jerusalén según el autor de las Lamentaciones?

Oración final (ver página 15)

Hacer la oración final ahora o después de la *Lectio divina*.

Lectio divina (ver página 8)

Relaje su cuerpo y mantenga una postura de oración (espalda recta, ojos cerrados, pies en el piso). Puede tomar todo el tiempo que usted quiera en hacer este ejercicio, pero se considera que para fines de este estudio bíblico, de 10 a 20 minutos es suficiente.

Las meditaciones que se proporcionan a continuación tienen como finalidad simplemente ayudar a los participantes del grupo a utilizar esta forma de oración, pero tenga en cuenta que la *Lectio divina* tiene como finalidad el llevar a la persona a la contemplación orante, donde la Palabra de Dios hable al corazón.

Desolación de Jerusalén (1:1–22)

La primera lamentación reconoce que el pueblo de Judá, con sus pecados, ha sido el causante de las penas que sufrió. La lamentación es una forma de expresión reconocida en la biblia. Muchos salmistas se valen de esta misma forma para manifestar a Dios sus sufrimientos. "Clama con tu corazón al Señor", escribe el poeta (Lm 2:18). El Señor nos invita a abrir nuestro corazón a él, en medio de nuestras dificultades y sin sentidos, de nuestros sufrimientos e inquietudes. El lamento como lo entiende el autor sagrado, nada tiene que ver con la rebeldía o el echarle en cara las cosas a Dios.

✠ ¿Qué más podemos aprender de este pasaje?

Ira de Dios y ruina de Sión (2:1-22)

El autor enumera de modo dramático las razones de su lamento por la ruina de Jerusalén. La situación es realmente deplorable. A la vez, en su lamento, el poeta trasferirá al Señor de manera casi atrevida, la suerte de su pueblo. La destrucción de Jerusalén y Judá ocurrió históricamente por parte de los babilonios. Muchos culpan a Dios por la suerte que les toca, olvidando la propia responsabilidad. Muchas situaciones negativas son el resultado de nuestras propias elecciones equivocadas. Asumir la propia culpa es el primer paso al perdón.

✠ ¿Qué más podemos aprender de este pasaje?

Parte 2: Estudio individual
(Lamentaciones 3—5; Baruc 1—6)

Día 1: La comunidad se lamenta (Lamentaciones 3—5)

Un interlocutor anónimo lamenta su sufrimiento (Lm 3). En realidad, el orante es una personificación del pueblo en sus sufrimientos y en su esperanza. El orante siente que el Señor le ha abandonado y que, por ello, camina en la oscuridad. Siente su carne consumiéndose, sus huesos rotos, experimenta pobreza y privación; siente que el Señor le ha hecho vivir en tinieblas de muerte. Se siente apresado, sin libertad, como despedazado por animales salvajes, herido por flechas. Se ha hecho la burla del pueblo, objeto de mofa. Su amargura llega a la saciedad. No tiene paz, olvidó lo que es la felicidad. Considera que su vida se acabó y que ya no tiene esperanza (3:1-18). A seguir, cambia de tono. Reanimado por su fe en Dios, le presenta confiado su miseria y angustia. En la fe, considera que los favores del Señor no terminaron y su compasión aún no se ha agotado. La fidelidad del Señor es inmensa: en el Señor él renueva su confianza y esperanza. Es bueno esperar en silencio la salvación del Señor. El Señor no rechaza al hombre por siempre. Si lo aflige, se compadece de él según su gran bondad (Lm 3:31-32). Todo lo que sucede en el mundo, sucede porque el Señor lo permite. A seguir el orante invita al pueblo a examinarse y a admitir que se habían rebelado contra el Señor. Los invita a que levanten sus corazones y manos a Dios. Su devastación es inmensa. Se encuentran en el fondo del pozo. Pero desde ahí, que clamen al Señor. Que el Señor pondere su destrucción y angustia. El Señor no ha cerrado los oídos. El Señor viene a ayudar a a su pueblo.

El capítulo 4 sigue el tono de los capítulos 1 y 2, al hablar de la miseria de Judá durante el cerco y la conquista. Habla del oro que pierde su brillo, haciendo referencia a los niños, tratados como vasos de arcilla, rotos a la primera caída. Su sed es severa, la lengua se pega al paladar. El sufrimiento de Jerusalén es peor que el Sodoma. El pueblo antes saludable y bello, es ahora piel y huesos, oscurecidos por los muchos tormentos. El peor tipo de canibalismo es incluso practicado en la ciudad (ver 4:10). Ningún rey ni habitante de la tierra pensaba que un enemigo podría tomar Jerusalén. Pero el Señor abandonó la ciudad santa a causa de los pecados de sus profetas y sacerdotes, que han incluso derramado sangre inocente. A partir del versículo 17 el poeta habla de "nosotros", en vez de referir sufrimientos ajenos. Experimentaban el desespero al contemplar solo desgracias. El enemigo los circundaba por doquier. El ungido del Señor (el rey Sedecías), ha sido apresado. El pueblo ha quedado sin pastor.

En el capítulo 5, el poeta le insiste al Señor que mire la desgracia de su pueblo y su oprobio. Sus posesiones pasaron a extranjeros; sus hogares, a desconocidos. Su población abunda en huérfanos y viudas. Para obtener comida, deben arriesgar su vida por el desierto. Las mujeres de Sión han sido violadas y los jóvenes, esclavizados. La alegría desapareció del corazón de los sobrevivientes. El pecado ha sido la causa de todo ello. El poema concluye con un sentido acto de fe en el Señor, que permanece para siempre. El Señor nunca les olvidará. El Señor les hará volver y les renovará.

Lectio divina

Pase de 8 a 10 minutos en contemplación silenciosa del siguiente pasaje:
Una de las realidades más difíciles de entender es el sufrimiento en el mundo. El creyente que lo vive, vive un gran reto para su fe. ¿Dónde se encuentra Dios frente a su situación de sufrimiento? El orante de Lamentaciones, ante la catástrofe de Jerusalén, se hace estas mismas preguntas. Su lamento, sin embargo, no le lleva a abandonar al Señor o a perder su fe. Al contrario, desde lo más profundo de su sufrimiento el orante busca fuerzas en su fe. Y su fe le abre a la esperanza.
✠ ¿Qué más podemos aprender de este pasaje?

Día 2: La epístola a Jerusalén (Baruch 1:1—3:8)

Baruc, conforme se lee en el prólogo del escrito, viviendo en exilio en Babilonia, compone su escrito en el quinto año después de la destrucción de Jerusalén por los caldeos, es decir en 582 a.C. (ver 2 Reyes 25:8). Lo lee en presencia de Jeconías, rey de Judá y el pueblo en exilio, a las orillas del río. Al escuchar la lectura, el pueblo llora, ayuna y reza al Señor. A seguir, recoge fondos para enviar a Jerusalén al sacerdote Joaquín que se había quedado allá, para que ofreciese holocaustos, sacrificios e incienso al Señor. Que rece por Nabucodonosor, para que sea benevolente con los exiliados y rece también por ellos, para que le sea perdonado su pecado. Baruc afirma haber recibido los vasos sagrados del Templo, que envía también de regreso a Jerusalén.

La siguiente sección (1:5—3:8) es una larga confesión de los pecados del pueblo. Desde el tiempo de Moisés hasta el presente, el pueblo ha pecado y se ha rehusado a escuchar la palabra del Señor, que había sido inmensamente generoso con Israel, obrando prodigios y portentos en su favor. Recuerda las admoniciones que el Señor les había dado a jueces, reyes, príncipes y al pueblo de Israel y Judá. El pueblo, sin embargo, ha seguido los planes de su obstinado corazón y se ha hecho objeto de repudio y horror entre las naciones (ver Dt 28:49-57). A causa de su obstinación en el pecado por parte del pueblo de Israel y Judá, el Señor ha llevado a cabo las amenazas que había anunciado por medio de los profetas. A la confesión del pecado le sigue una gran súplica que empieza reconociendo la justicia del obrar de Dios. Se le pide al Señor que calme su indignación y de nuevo les manifieste su favor y puedan hallar gracia a los ojos de los que los deportaron. "Mira, Señor, desde tu santa morada y atiéndenos; inclina, Señor, tu oído y escucha" (2:16). Que el Señor vea y oiga la aflicción y penas de su pueblo en exilio, su yugo, su hambre, su debilidad. Baruc le suplica al Señor que se apiade de ellos, no por sus méritos, que reconocen no tener, sino por los de sus antepasados fieles, Abrahán, Isaac y Jacob, a quienes el Señor había regalado preciosas promesas con juramento (ver Lv 26:27-46).

Lectio divina

Pase de 8 a 10 minutos en contemplación silenciosa del siguiente pasaje:
En nombre de la fe en la misericordia del Señor manifestada de tantas maneras en la historia de su pueblo, Baruc reza al Señor que le perdone a su pueblo sus muchos pecados. El reconocimiento sincero, sentido y humilde de los propios pecados predispone al perdón de Dios. De muchos modos, la Palabra de Dios enseña que el Señor es rico en misericordia y piedad para con los que se le acercan con humildad. Jesús no se cansará de repetir, con sus palabras y gestos, dicha verdad. "Pues les digo que, del mismo modo, hay alegría entre los ángeles de Dios por un solo pecador que se convierta" (Lc 15:10).

✠ ¿Qué más podemos aprender de este pasaje?

Día 3: Alabanza de la sabiduría (3:9—4:4)

En la siguiente sección Baruc reflexiona sobre la situación del pueblo. Se pregunta por qué Israel se encuentra en tierra extranjera, contado entre aquellos que son destinados a la muerte y responde diciendo que el pueblo ha abandonado la fuente de su sabiduría. Si hubiesen seguido la Ley del Señor, hubieran tenido paz. Ellos deben aprender la prudencia, la fuerza y el entendimiento que proviene de la palabra del Señor. Confirma la necedad que es buscar bienes terrenos, que no pueden proveer una larga, saludable y pacífica existencia. ¿Dónde se encuentran los grandes de los pueblos, que dominaban a hombres y animales, y vivían cercados de plata, oro y bienes? Baruc dice que han muerto y otros han tomado su lugar. Sin embargo, generaciones se suceden, y aún no aprenden los caminos de la sabiduría.

El dominio del Señor es inconmensurable. Nadie ha podido subir al cielo o cruzar los mares y obtener la sabiduría (3:29). Nadie conoce el camino hacia la sabiduría sino el Señor, creador de todas las cosas. Nadie se compara con el Señor Dios (ver 3:32-35). Sin embargo, el Señor le ha abierto el camino del entendimiento a Jacob, su siervo, a quien ama. A través de sus descendientes, la sabiduría apareció en la tierra y vivió con los mortales. Dicha sabiduría, según Baruc, es el libro de los mandamientos del Señor, su Ley que perdura por siempre. Aquellos que viven de ella, vivirán, mientras que los que la desprecian, encontrarán la muerte. Él invita a todos los israelitas a caminar a la luz de esta sabiduría. El Señor ha bendecido inmensamente a Israel, por haber conocido lo que le es agradable.

Lectio divina

Pase de 8 a 10 minutos en contemplación silenciosa del siguiente pasaje:

El deseo por la sabiduría ha estado presente en los grandes pueblos antiguos. Muchos de ellos han trasmitido importantes máximas de sabiduría. Sin embargo, según el libro de Baruc, la verdadera sabiduría proviene del Señor y se encuentra al seguir sus mandamientos. Dicha enseñanza hace eco de una verdad que repite incontables veces la Escritura, de que "el inicio de la sabiduría está en el temor del Señor".

La sabiduría nos hace conocer lo que es agradable al Señor y por eso, la verdadera sabiduría, que viene de Dios, lleva a la fe, al entendimiento, a la esperanza y al amor.

✠ ¿Qué más podemos aprender de este pasaje?

Día 4: Poema de consolación (Baruch 4:5—5:9)

Baruc intenta animar a los exilados. No han sido "vendidos" a sus enemigos, para ser destruidos, sino como resultado de su abandono del Señor. Habían causado la indignación del Señor por ofrecerles sacrificios a los demonios, los ídolos, y no a Dios. Han olvidado al Eterno que cuidaba de ellos y la ciudad santa que los crió. Se considera a Jerusalén como una madre). A seguir Sión, hablando como si fuera una persona, proclama los grandes sufrimientos que ha tenido que padecer, viendo a sus hijos ser llevados como cautivos. Se ha convertido en una viuda abandonada. Por el hecho de que sus hijos se alejaron del Señor y se rehusaron a seguir sus preceptos, ella se encuentra en desolación. El Señor hizo venir sobre ella a rudos invasores, que hablan una lengua extraña y no respetan ni a los niños ni a los ancianos. Al despedir a sus hijos, Sión cambia su vestido de paz por uno de penitencia, suplicando el auxilio del Eterno.

Sión, sin embargo, espera en el Señor y confía que el Señor hará regresar a los deportados a su seno. Los mismos que habían visto al pueblo ser llevado al exilio, serán testigos de su regreso en libertad. Serán testigos de la salvación que manifestará la gloria y el esplendor del Eterno. Sión anima a sus hijos a tener paciencia. Ahora es el momento de volver sus corazones otra vez al Señor. El mismo Señor que permitió su desgracia les traerá alegría eterna. Se reserva el desastre para las naciones opresoras de Israel. Como se habían alegrado por la ruina de Jerusalén, llorarán por la propia. A seguir Baruc anima a Jerusalén a esperar el regreso de sus hijos, exultantes por la gloria del Señor. Sus vestimentas de llanto cambiarán por las de una princesa (símbolo de su participación en la realeza del Señor). Será un nuevo comienzo.

Lectio divina

Pase de 8 a 10 minutos en contemplación silenciosa del siguiente pasaje: Baruc describe a Sión-Jerusalén como una madre que sufre por la deslealtad y la lejanía de sus hijos, que justamente fueron llevados al cautiverio. La esperanza en la salvación de Dios, sin embargo, que haría que a su tiempo volviesen los exiliados de su pueblo, marcará un nuevo comienzo en el gozo. Este mensaje es de actualidad. Muchos hijos que viven lejanos a Dios y no conforme a su Ley, son un sufrimiento para tantas madres y padres, como también para la madre Iglesia. Pero el Señor no cesará de llamarlos. A su tiempo volverán y serán otra vez fuente de alegría para Dios, la Iglesia, sus madres y padres y será un nuevo comienzo.

✠ ¿Qué más podemos aprender de este pasaje?

Día 5: La epístola de Jeremías (Baruc 6)

En el capítulo 6, Baruc incluye una carta o epístola de Jeremías. En el espíritu de su profecía más que un escrito de su cuño, dicha epístola tiene como tema la ignorancia del culto a los ídolos, tema central en los escritos de los profetas. La sección comienza recordando que fue por sus pecados que el pueblo se encontró en Babilonia. El Señor los dejará regresar después de siete generaciones. En el libro de Jeremías se lee que el pueblo estará en Babilonia durante setenta años (ver Jr 25:11). Isaías se vale también de dicha cifra para expresar la duración de un castigo (ver Is 23:15–17). Visto que el número siete tiene frecuente valor simbólico en la Escritura, la cifra de Baruc no debe ser tomada al pie de la letra (de hecho, el exilio de Babilonia durará poco más de cincuenta años). El autor ridiculiza el culto a los ídolos, obras de artesanos, meras imágenes de oro y plata que se corroen o también de arcilla que se rompen. No son dioses. Nadie debe ofrecerles culto. Los falsos dioses no pueden regalar riquezas, salvar a las personas de la muerte, hacer fuerte al débil, devolver la vista a los ciegos o rescatar a quien sufre una aflicción. No sienten pena ni por la viuda ni por el huérfano, y sus imágenes de oro y plata valen menos que la piedra. En vano llevan al sordo a la presencia de los ídolos para que los cure como hacen los babilonios. En el templo de sus ídolos solo hay corrupción y perversión. Los ídolos no tienen el poder de curar, ni de ayudar en las guerras, ni de traer la lluvia a la tierra. Solo el Señor tiene dominio sobre las fuerzas de la naturaleza, no los falsos dioses.

Lectio divina

Pase de 8 a 10 minutos en contemplación silenciosa del siguiente pasaje:
La idolatría no es solo una realidad del pasado. En nuestra cultura moderna se encuentran manifestaciones que se asemejan de diversas formas al culto idolátrico. Muchas personas hoy construyen su espiritualidad en diversas formas de superstición, de consulta de los astros o prácticas esotéricas. Otros hacen del dinero y del trabajo un dios al cual sirven. Otros también viven polarizados por la mera belleza física y el culto al cuerpo. Con el Dios vivo y la luz de su palabra es que verdaderamente enriquecemos nuestro espíritu. La cercanía de Dios nos ayuda a discernir todo lo que se nos presenta y vivir y gozar con libertad de todas las cosas.

✠ ¿Qué más podemos aprender de este pasaje?

Preguntas de repaso

1. ¿En qué términos describe el autor de las Lamentaciones la miseria de Jerusalén?
2. ¿Cómo debe ser entendida la "ira de Dios" en el libro de las Lamentaciones?
3. ¿En qué basa Baruc su esperanza en el perdón de Dios en su oración penitencial?
4. ¿Qué significa para Baruc la sabiduría de Israel?

LECCIÓN 8
El libro de Ezequiel (I)
EZEQUIEL 1–15

Los hijos son de dura cerviz y corazón obstinado; a ellos te envío para decirles: Así dice el señor Yahvé. Y ellos, escuchen o no escuchen, ya que son casa rebelde, sabrán que había un profeta en medio de ellos (Ez 2:4-5).

Oración inicial (Ver página 14)

Contexto

Ezequiel 1—7. El libro de Ezequiel comienza con una visión de la gloria del Señor, su llamada a ser profeta, los deberes y límites de su ministerio. Sigue la visión de una mano que le presenta un rollo de escritura el cual Ezequiel debe comer. Es la palabra del Señor que recibe y que deberá anunciar a la casa de Israel. En la primera sección del libro, Ezequiel ya se halla entre los exiliados de Babilonia.

Ezequiel 8—15. Estos capítulos recuentan oráculos anteriores al cerco de Jerusalén. Hablan de las abominaciones que están ocurriendo en el templo y la rebelión del pueblo, que llevará a la gloria del Señor a abandonar el Templo. Se anuncian el castigo y la restauración. Con gestos simbólicos, Ezequiel anuncia que el proceso del exilio es irreversible. La palabra del profeta incomoda a los oyentes.

Parte 1: Estudio en grupo (Ezequiel 1—3:27)

Leer en voz alta Ezequiel 1:1—3:27.

1:1-28 Primera visión de Ezequiel

El libro de Ezequiel empieza con la presentación del profeta y el tiempo de sus visiones. De familia sacerdotal, Ezequiel nació en torno al año 623 a.C. y era un sacerdote con una honda preocupación por el templo de Jerusalén. Las fechas que su libro incluye, colocan su partida al exilio de Babilonia a la edad de 25 años, su llamada a ser profeta a los 30 años y su última visión a los 52 años. Años antes de su nacimiento, Judá se había convertido en vasallo de la poderosa nación Asiria. Pero el imperio asirio declinó rápidamente después de 630 a.C. siendo remplazado por el poderoso imperio babilonio. En torno a 609 a.C., Judá se tornó vasallo de Babilonia. Con el tiempo, el rey de Judá, hastiado de pagar tributo a Babilonia, incitó una desastrosa rebelión contra Nabucodonosor, que llevó a una derrota en 597 a.C. y a la deportación de miles de líderes del pueblo de Judá, inclusive el rey Joaquín y el sacerdote Ezequiel. Diez años más tarde (587 a.C.), un segundo intento de rebelión contra Babilonia fracasa, Jerusalén es conquistada y arrasada, el templo destruido, miles mueren y gran parte de la población restante es llevada al cautiverio.

El quinto día del cuarto mes, el 31 de julio de 593 a.C., Ezequiel recibe su primera visión del Señor en el exilio. La palabra del Señor vino a Ezequiel en la tierra de los caldeos, junto al río Quebar, el cual era uno de los canales del Éufrates donde vivía una colonia de judíos. Ezequiel intenta explicar su visión que quedará en términos misteriosos. Su contenido habla de la partida de la gloria del Señor del templo de Jerusalén. Extrañas figuras conducen el "carro del Señor" en medio de truenos y rayos. En el capítulo 10, el profeta llama "querubines" a dichas criaturas. De varias formas la visión afirma que Dios lo sabe y lo ve todo. Por encima del firmamento Ezequiel ve algo como un trono con un ser sentado en él con forma humana. El profeta afirma que es la gloria del Señor. Ezequiel está al saber cuál es su misión.

2:1—3:4 Comer el rollo de escritura

Una voz se dirige a Ezequiel con la expresión "hijo del hombre" (que ocurre 93 veces en su escrito), título que subraya que, por ser un ser humano, el profeta es miembro de la humanidad. El espíritu del Señor entra en Ezequiel y le habilita para oír la palabra del Señor. La voz se dirige a Ezequiel una segunda vez enviándole a anunciar el mensaje de Dios a los israelitas. La repetición del título "hijo del hombre", subraya la humanidad del profeta, e indica que no es un mensajero divino o ángel. El pueblo de Israel estaba repitiendo los pecados de sus antepasados, rebelándose contra el Señor. Como profeta del Señor, Ezequiel debe introducir sus palabras con la expresión, "Así dice el Señor Dios". En estos términos, acepten o no su mensaje, sabrán que un profeta está en medio de ellos. El Señor instruye a Ezequiel a no temer al pueblo rebelde, sus palabras o amenazas. El profeta debe acoger la palabra del Señor fielmente. Es entonces que una mano le es extendida en la visión y le presenta un rollo de escritura que contiene "lamentaciones, gemidos y amenazas" (2:10). Ezequiel es instruido que lo coma y anuncie su contenido a la casa de Israel. El extraño alimento le supo a miel. Jeremías cuenta una experiencia semejante (ver Jr 15:16). Como otros profetas, Ezequiel experimentará que el anuncio de la Palabra del Señor será al mismo tiempo dulce y amargo.

3:5–27 La responsabilidad de Ezequiel

Ezequiel debe profetizar a los Israelitas en el exilio, que viven entre un pueblo de "lengua extraña". Aunque el pueblo puede comprender al profeta, se rehúsan a oírlo. El Señor hará que Ezequiel persista en el anuncio igual que ellos persisten en no escucharlo. Al terminar su visión, el profeta siente el enojo y la amargura que el Señor siente por el pueblo rebelde. Durante siete días se sentirá turbado por aquella experiencia. El Señor le anuncia que lo nombra "centinela" para la casa de Israel. La expresión parece referirse a la función de vigilancia de un profeta sobre el pueblo. Ezequiel debe caucionar al pueblo y si no lo hace, él va a ser el responsable de la sangre del pueblo. Si el profeta trasmite su anuncio y el pueblo no cambia, morirá, pero el profeta no morirá. Si el justo se aleja del bien cuando el Señor le pone un obstáculo en su camino, entonces morirá. Aunque Ezequiel cauciona al pueblo de su pecado, ellos morirán y sus buenas obras serán olvidadas. Si Ezequiel corrige a los justos y no pecan, vivirán y el profeta se salvará también (3:16-21).

A seguir, el Señor instruye a Ezequiel a que vaya a la llanura donde el profeta experimenta de nuevo la gloria del Señor. Ezequiel cae prostrado, el Señor lo levanta y le dice que vuelva a su casa, informándole a la vez que el pueblo le ataría con cuerdas para que ya no pueda estar entre ellos. Ezequiel quedará parcialmente "mudo" para que no pueda predicarle al pueblo rebelde. Solo podrá hablar cuando reciba la palabra del Señor que debe trasmitir. El Señor observa que la casa de Israel es realmente una casa de rebeldes.

Preguntas de repaso

1. ¿Por qué es para nosotros fácil de comprender la visión de Ezequiel de la gloria del Señor?
2. ¿Por qué le dice el Señor a Ezequiel que "coma" el rollo de escritura? ¿Qué mensaje trasmite dicho episodio a los que quieren servir al Señor?
3. ¿Cuál es el sentido de la expresión "hijo del hombre" en el libro de Ezequiel?

Oración final (ver página 15)

Hacer la oración final ahora o después de la *Lectio divina*.

Lectio divina (ver página 8)

Relaje su cuerpo y mantenga una postura de oración (espalda recta, ojos cerrados, pies en el piso). Puede tomar todo el tiempo que usted quiera en hacer este ejercicio, pero se considera que para fines de este estudio bíblico, de 10 a 20 minutos es suficiente. Las meditaciones que se proporcionan a continuación tienen como finalidad simplemente ayudar a los participantes del grupo a utilizar esta forma de oración, pero tenga en cuenta que la *Lectio divina* tiene como finalidad el llevar a la persona a la contemplación orante, donde la Palabra de Dios hable al corazón.

Primera visión de Ezequiel (1:1–28)

Ezequiel intenta describir su visión celestial, pero el lenguaje humano solo le permite expresarla en términos vagos y misteriosos. En la tradición de la Iglesia, los místicos que han experimentado la presencia de Dios por medios extraordinarios, como por ejemplo, Santa Teresa de Ávila o San Juan de la Cruz, han experimentado la misma dificultad. Este hecho nos hace entrever cómo el misterio de Dios sobrepasa infinitamente las pobres medidas humanas y nos invita a la humildad. Con su lenguaje misterioso, Ezequiel revela que el

Señor acompaña a su pueblo en el exilio y se convertirá en testigo silencioso de su purificación.

✠ ¿Qué más podemos aprender de este pasaje?

Comer un rollo de escritura (2:1—3:4)

Ezequiel, en su siguiente visión, tiene la experiencia de devorar un rollo de escritura que le sabe dulce como la miel. Dice el Salmo que los preceptos del Señor son más dulces que la miel, más que el jugo de los panales (Sl 19:11; también Sl 119:103). Aunque pueda contener enseñanzas y exigencias que nos cuesten, nos marcan un camino de vida en plenitud. El Señor nos invita por ello a hacer de su palabra nuestro alimento cotidiano.

✠ ¿Qué más podemos aprender de este pasaje?

La responsabilidad de Ezequiel (3:5-27)

La vida misma enseña que todo privilegio viene con una responsabilidad. La llamada de Ezequiel a ser profeta del Señor significaba para él el gran privilegio de ser portavoz de la palabra auténtica de Dios. Su anuncio a la vez implicaba una gran responsabilidad. El profeta debería ser un verdadero centinela para el pueblo: no podrá callar la denuncia de su infidelidad. Nuestra vocación como bautizados entraña también una dimensión profética. La fidelidad a la palabra del Señor exige también de nosotros la denuncia de todo aquello que va contra el proyecto de Dios.

✠ ¿Qué más podemos aprender de este pasaje?

PARTE 2: ESTUDIO EN GRUPO (EZEQUIEL 4—7)

Leer en voz alta Ezequiel 4—7.

4:1-17 Cerco simbólico y exilio

La sección que va de 3:22 al capítulo 24 reporta oráculos proferidos antes del cerco de Jerusalén. Recordemos que Ezequiel es un profeta cuya actividad ocurre durante el proceso del exilio de Babilonia, que empieza con la primera partida de judíos en 597 a.C., entre los cuales también se encuentra Ezequiel. El exilio culmina con la destrucción de Jerusalén diez años más tarde, seguida por una gran deportación de judíos.

En el capítulo 4 Ezequiel realiza una primera acción simbólica. Por acción simbólica se entiende acciones o gestos que el Señor ordena al profeta realizar en sustitución de la palabra, como telón de fondo para su anuncio. A veces es una circunstancia de la misma vida del profeta que se hace acción simbólica. Ezequiel representa el cerco de Jerusalén y la desventura del exilio para el pueblo del reino del norte, Israel, y del sur, Judá. El Señor le dice a Ezequiel que tome una tablilla de barro y represente en ella una imagen de la ciudad de Jerusalén en situación de asedio. A seguir, debe realizar una secuencia de acciones que hagan entender al pueblo la gravedad de la calamidad que vendrá. Sus acciones servirán para indicar el asedio que sufrirá la ciudad de Jerusalén, el tiempo que durará el exilio de Judá (unos cuarenta años) y la carestía de alimentos que sufrirá la ciudad con ocasión de aquella calamidad.

5:1–17 El mensaje del pelo rasurado

El Señor ahora le ordena a Ezequiel que se rasure completamente la cabeza y la barba con una espada afilada como navaja de barbero. Ezequiel debe recoger y pesar el pelo recogido y dividirlo en tres partes. Estas acciones indican las calamidades que sobrevendrán sobre Jerusalén durante la conquista por los babilonios. El profeta debe quemar una sección del pelo dentro de la ciudad. Ezequiel debe esparcir otro tercio alrededor de Jerusalén y golpearlo con la espada. Y la tercera parte la debe tirar al viento. Jerusalén se consideraba como el centro del mundo, pero se había se rebelado contra el Señor con una perversidad mayor que la de pueblos de su alrededor. A causa de su pecado el juicio del Señor vendrá sobre ella. El fuego destruirá sus moradas, muchos del pueblo perecerán por la espada y otros tantos serán esparcidos por las naciones. Por sus abominaciones que deshonraron el templo, el Señor no les tendrá compasión. Peste, hambre, espada, diezmarán al pueblo. La punición durará hasta que cese la "ira del Señor" y el pueblo acepte que sus justos castigos se deben a su perversidad. La terrible suerte enfatiza la gravedad del delito. Ezequiel concluye reafirmando que lo ha dicho el Señor.

6:1–14 Punición a los idólatras

El oráculo anterior anunciaba la condena de Jerusalén. En el capítulo 6, el Señor le dice a Ezequiel que le hable a los "montes de Israel", expresión utilizada para designar a la tierra prometida. Desde las llanuras de Babilonia, se recuerda la tierra patria como tierra montañosa. El Señor anuncia que destruirá sus "lugares altos", elemento importante del culto cananeo, donde se ofrecían sacrificios. Israel durante cierto tiempo le ofreció sacrificios al Señor en ellos antes de la centralización del culto en Jerusalén. Dichos lugares luego pasaron a ser puntos de culto idolátrico, juntamente con los altares para el incienso a los ídolos. Esto fue causa de la destrucción y exilio del reino del norte en la lectura de los profetas. El Señor anuncia que los que mueran por la espada serán echados como basura y contaminarán aquellos lugares de culto. Según la ley, el contacto con cadáveres y huesos de muertos profanaba los lugares para el culto. El Señor preservará a algunos del pueblo de la gran destrucción, permitiéndoles vivir como refugiados entre las naciones donde fueron llevados. Con esto expiarán por las grandes abominaciones que habían cometido y se acordarán del Señor. La referencia final a palmas y danzas parece ser una parodia de los rituales idolátricos que no llevarán el pueblo a la alegría sino a la destrucción. Se hacen tragedia anunciada, danza macabra. Los lugares que se menciona delimitan la tierra prometida. Ribla, lugar del castigo del rey Sedecías (ver 2 Reyes 26:6) es el límite septentrional mientras que el desierto, es el meridional.

7:1–27 El fin ha llegado

Debido a que en el primer oráculo el profeta habló de la destrucción de Jerusalén, en el segundo sobre la destrucción de los "montes de Israel" para enfatizar el tema de los lugares de culto ilegítimo y la idolatría, el capítulo siete anuncia que el "fin" ha llegado, el "día" de la punición. Amós ha sido el primero en anunciar el "fin" como el momento de un madurar de la historia dirigida por Dios (ver Am 8:2). Ezequiel enfatiza la decisión divina. A causa de las abominaciones del pueblo el Señor lo juzgará conforme a su proceder, rehusándose a mostrar piedad. El "fin" no dejará a nadie para la exultación sobre los montes.

La crisis llega con la injusticia y la violencia de reyes impíos. Los pecados sociales, por decir así, hacen madurar el castigo. No hay ejército que luche. En el pasado, la compra y la venta, que eran importantes, ahora carecen de interés. Se echan por el suelo los ídolos de plata y oro. El Señor abandonará al pueblo a los saqueadores extranjeros. Su casa en Jerusalén es profanada. Nadie, ni profeta, ni sacerdote, ni anciano será perdonado. El rey, los príncipes y el pueblo, temblarán de miedo. Es el juicio del Señor por las malas acciones.

Preguntas de repaso

1. ¿Qué eran los gestos simbólicos y cuál era su utilidad?
2. ¿Cuál es el mensaje del gesto simbólico del cerco de Jerusalén?
3. ¿Qué subraya Ezequiel con el gesto del pelo rasurado?
4. ¿Qué efecto principal traerá el exilio para el pueblo?

Cerco simbólico y exilio (4:1-17)

Todos sabemos cómo los gestos hablan más que mil palabras. Al instruir, el profeta realizó acciones simbólicas porque el Señor buscaba enfatizar su mensaje para que el pueblo se convirtiera. Nuestro Papa actual, Francisco, trasmite a la Iglesia y al mundo un mensaje especial de Dios con sus gestos hondamente humanos y proféticos. Su testimonio nos invita a volver a pensar nuestro comportamiento y buscar una mayor coherencia en nuestra vida.

✠ ¿Qué más podemos aprender de este pasaje?

Mensaje del pelo rasurado (5:1-17)

En la profecía de Ezequiel, así como en la de otros profetas del Antiguo Testamento, nos encontramos repetidamente con expresiones de la "ira de Dios". La imagen que emerge a primera vista, parece ser la de un Dios enojón y que castiga al pueblo por sus pecados. ¿Podría Dios "aplaudir en pie" la iniquidad y perversidad de su pueblo? El lenguaje de la ira de Dios servía un fin retórico, para sacudir las conciencias irresponsables. La historia sagrada interpreta los desaciertos políticos de Israel como castigos de Dios. Los errores humanos son en realidad la causa de tantas devastaciones que sufrirá el pueblo.

✠ ¿Qué más podemos aprender de este pasaje?

Punición a los idólatras (6:1-14)

Una y otra vez, casi a modo de estribillo, los profetas denuncian la idolatría como un pecado gravísimo a los ojos del Señor. No hace falta explicar el motivo para dicha insistencia, cuando consideramos las abominaciones que el pueblo llegó a cometer con su culto a dioses paganos. El Dios vivo es fuente de vida. Los dioses falsos son un engaño, el vacío. No conducen sino a la destrucción y a la muerte. La idolatría no es solo una realidad del pasado.

✠ ¿Qué más podemos aprender de este pasaje?

El fin ha llegado (7:1–27)

Cuando las dificultades asolan, la gente suele volverse a Dios como nunca antes. En dichas circunstancias, muchos intentan regatear con Dios en su oración, prometiendo lo que al final no logarán cumplir. Apenas pasa la tormenta, la vida sigue igual para muchos. Esto lo enseña la historia del pueblo elegido. El Dios fiel nos invita a vivir la fe como una amistad con él, haciéndole partícipe de todo lo nuestro con confianza y constancia.

✠ ¿Qué más podemos aprender de este pasaje?

PARTE 3: ESTUDIO INDIVIDUAL (EZEQUIEL 8—15)

Día 1: Visión de la abominación en el Templo (8:1–18)

Ezequiel fecha el pasaje en el "quinto día del sexto año del sexto mes". Se trata del año 592 a.C., a mediados de septiembre. El profeta se encuentra en su casa en el exilio junto a algunos ancianos de Judá cuando recibe una visión. La figura que contempla le "toma por los pelos" y lo lleva a Jerusalén, al portón que da para el norte, donde estaba el "ídolo de los celos", una estatua pagana, posiblemente de la diosa Aserá, que los israelitas habían entronizado en el lugar santo. Ezequiel ve de nuevo la gloria del Señor como la había atestiguado anteriormente (ver 3:22–26). El Señor le invita a mirar lo grande que es la abominación que los israelitas habían realizado y le dice que verá aún mayores. Ezequiel contempla otros tantos ídolos en forma de animales. Ve a ancianos de la casa de Israel adorando a los falsos dioses. Adoran en la oscuridad, creyendo que el Señor había abandonado la tierra y que no los podía ver. Ezequiel es llevado a otra parte del templo, y allá ve a mujeres llorándole a Tamuz, diosa de la fertilidad. Todavía en otras hay hombres vueltos hacia el este, adorando al sol. El Señor le pregunta a Ezequiel si debería seguir tolerando tales abominaciones. La ira del Señor ha llegado a un punto máximo.

Lectio divina

Pase de 8 a 10 minutos en contemplación silenciosa del siguiente pasaje: Siendo sacerdote, Ezequiel tenía una gran sensibilidad y experimentaba mucha tristeza ante las profanaciones que se realizaban en la casa de Dios, el templo. El verdadero templo de Dios somos nosotros, dirá San Pablo. Por eso, un ser humano, que es cuerpo y alma, está envuelto en sacralidad. Cuanto cambiarían ciertas actitudes nuestras, con respecto a nosotros mismos y a los demás, si nos percibiéramos de esta manera. Nos valoraríamos y valoraríamos a los demás de un modo mucho más profundo.

✠ ¿Qué más podemos aprender de este pasaje?

Día 2: Exterminio de los idólatras (9—10)

En el capítulo 9, Ezequiel escucha al Señor gritar en alta voz a los ejecutores de la ciudad que se presenten con sus armas de destrucción. En medio de ellos se encuentra a un escriba vestido de lino con una "cartera de escribano a la cintura" (v.2). La gloria del Señor se desplaza del santo de los santos y va hacia el umbral del templo (simbólicamente revelando que la presencia del Señor abandonaba el espacio más sagrado del templo). A seguir, el Señor instruye al escriba que marque con una "X" la frente de todos aquellos que sufrían por las abominaciones que se practicaban en la ciudad. Los ejecutores deberían ir después y dar muerte a todos los del pueblo que no estuviesen marcados con la señal. Ante la visión de la matanza en la ciudad y en el templo, Ezequiel desfallece, preguntándose si el Señor planeaba destruir completamente a todo el resto de Israel con la destrucción de Jerusalén. El Señor responde que la culpa de Israel y Judá era desmesurada. El Señor está firme en su propósito.

La visión del capítulo 10 describe la partida del Señor del templo con un lenguaje altamente simbólico. El Señor ordena al hombre vestido de lino, el escriba, que tome las brasas ardientes que se encontraban entre los querubines y las eche sobre la ciudad (símbolo de la ira de Dios contra Jerusalén). Ezequiel oye la voz del Señor y ve su gloria dejando el templo. Su descripción en términos misteriosos, se asemeja a la visión del capítulo 1.

Lectio divina

Pase de 8 a 10 minutos en contemplación silenciosa del siguiente pasaje:

El Dios vivo, si es quien es y lo es, no puede quedar indiferente ante el mal de su pueblo. Una y otra vez llama a la conversión y a la reforma de la vida. Qué triste experiencia es ver a alguien, quizás de nuestra misma familia, cerrarse en su error y caminar hacia su propia destrucción. Motivado por el amor, a veces una palabra decidida, que sacude, es un gran bien que se puede hacer por una persona en dicha situación.

✠ ¿Qué más podemos aprender de este pasaje?

Día 3: Profecías en el exilio (11)

El espíritu lleva a Ezequiel hasta le puerta oriental del templo, junto a la cual encuentra a veinte y cinco hombres, entre los cuales hay dos individuos de nombre Jazanías uno y Pelatías, el otro. Planeaban el mal, la rebelión contra sus agresores. La ciudad de Jerusalén es como una olla y el pueblo el cocido que se encuentra resguardado del fuego. El Señor instruye a Ezequiel que profetice contra los que maquinaban la rebelión, acusándoles de traer la matanza sobre la ciudad. Temen la espada y el Señor usará la espada contra su maldad. Al experimentar el juicio, se acordarán del Señor. Jerusalén no conseguirá mantenerlos protegidos. La visión sigue y Ezequiel ve a Pelatías caer muerto (símbolo de la matanza que vendrá sobre la ciudad). Una vez más Ezequiel cae al suelo y luego le pregunta al Señor si dejará a Israel sin sobrevivientes. El Señor le dice al profeta que los habitantes de Jerusalén ven al pueblo en exilio como distante, creyendo que son ellos ahora los elegidos para poseer la tierra. Desconocen los planes del Señor, que traerá de vuelta a los dispersos de su pueblo. Y cuando regresen a la tierra de Israel, removerán todas las atrocidades y abominaciones y recibirán un nuevo espíritu y un nuevo corazón de parte del Señor. El Señor arrancará de sus pechos el corazón de piedra y les dará un corazón de carne, que observe sus preceptos. Ellos serán su pueblo y el Señor será su Dios. Ezequiel entonces retorna a la visión del carro del Señor y su gloria. Al volver en sí, en su casa en Babilonia, Ezequiel comparte su visión con los ancianos y la gente del pueblo que lo rodeaban.

Lectio divina

Pase de 8 a 10 minutos en contemplación silenciosa del siguiente pasaje: Muchos creyentes, al vivir la fe de manera superficial, pueden caer incluso en la superstición. De nada sirve poner una medalla de San Cristóbal en el coche y luego ser irresponsable al conducir, sobrepasar los límites de velocidad, conducir no estando en la plenitud de sus facultades. El auténtico camino de fe lleva a un crecimiento en la responsabilidad, especialmente en nuestras obras y nos ayuda a madurar en todas las dimensiones de nuestra humanidad.

✠ ¿Qué más podemos aprender de este pasaje?

Día 4: Profecía ridiculizada (12—13)

El Señor le habla a Ezequiel de la rebeldía de las personas que tienen ojos para ver y oídos para oír, pero que no hacen ninguna de las dos cosas. Se rehúsan a prestarle atención al Señor. En un esfuerzo para que el pueblo tome conciencia de su rebelión, el Señor le dice a Ezequiel que prepare una valija como si se preparara para ir al exilio. La valija para ir al exilio consistía en una vasija, una colchoneta y algo para poner agua. El debe hacerlo a la vista del pueblo, día y noche, simbolizando el desplazamiento del pueblo por el día y por la noche.

A seguir, Ezequiel debe abrir una brecha en la pared de su casa y salir por ella, cargando su valija. La pared exterior de una casa privada estaba hecha de barro, lo cual le permitía a una persona escavarla. Esta acción de hacer una grieta en la pared significaba, según algunos, el intento desesperado de huir de una invasión en la ciudad por gente enemiga. Otras personas creen que Ezequiel hace el papel del invasor, penetrando no solo una casa, sino la ciudad de Jerusalén.

El Señor le da un nuevo proverbio a Ezequiel que declara que los días se acercan cuando se cumplirán todas las visiones. Ezequiel deberá comer su pan con angustia y beber el agua con miedo, como futuras señales de la suerte de los habitantes de Jerusalén. El pueblo repetía un proverbio: "los días se prolongan y toda visión desvanece", significando que las profecías tardaban en cumplirse.

En el capítulo 13, el Señor trasmite oráculos contra los falsos profetas. Durante el periodo de invasiones y amenazas de destrucción para Jerusalén, falsos profetas surgieron entre el pueblo, prediciendo paz y victoria para la nación. El Señor confundirá la lengua de los falsos profetas, obrando contrariamente a sus falsas predicciones. A seguir, Ezequiel se vuelve a las "hijas de su pueblo", que profetizan por su propia cuenta. Sus falsos anuncios impiden la conversión del pueblo. No quedarán sin su castigo. El Señor librará el pueblo de sus manos y sabrán que Él es el Señor.

Lectio divina

Pase de 8 a 10 minutos en contemplación silenciosa del siguiente pasaje: El misterio de la libertad humana, conlleva también el misterio del rechazo del mensaje de Dios. Dicho rechazo, más que una expresión de libertad, se manifiesta de modo dramático como rebeldía, esclavitud y fragilidad. El Señor no dejará de llamarnos. La oración humilde y confiada nos mantiene en actitud de apertura y docilidad a sus llamadas y nos libra del caminar irresponsable hacia nuestra propia ruina y fracaso.

✠ ¿Qué más podemos aprender de este pasaje?

Día 5: Parábola de la vid (14—15)

Ancianos se le presentan a Ezequiel para consultar al Señor. Pero el Señor sabe que los visitantes son todavía adoradores de ídolos en sus corazones, aunque no los tienen cerca en el exilio. Con esta doblez ponen una piedra de tropiezo entre ellos y el Señor. El Señor reprende a los profetas que hablan conformen al querer del pueblo. Ezequiel debe animarles a alejar sus corazones de sus ídolos y abominaciones, que llama de "basuras". La verdadera palabra del Señor lleva a regresar, a la conversión.

A seguir, el Señor le trasmite a Ezequiel un oráculo de enseñanza sobre la retribución individual. En la doctrina de los profetas se insiste mucho sobre la culpa del pueblo. El Señor evoca a tres figuras conocidas en el oriente antiguo por su justicia: Noé, Daniel (héroe de la literatura cananea famoso por su sabiduría) y Job. Si el Señor enviase castigo a una nación sea por la espada, el hambre, la peste o los animales salvajes, y en su seno se encontrasen al menos tres individuos justos como los anteriores, estos salvarían su vida por su justicia. Análogamente, cuando el Señor envíe sobre Jerusalén sus cuatro azotes: espada, hambre, bestias feroces y peste, los pocos justos que hubiese en ella, se salvarían por su justicia.

En el capítulo 15 el Señor compara a Jerusalén a una vid con sus ramas. La vid era señal de riqueza en Palestina (ver Nm 13) y por ello imagen de la nobleza de Israel. Esta imagen la han usado anteriormente Os 10:1, Is 5 y Jr 2:21. Ezequiel usa esta imagen en sentido negativo contra los que están orgullosos de ella. De modo diverso a los árboles que crecen en la floresta, que producen madera para edificar, el leño de la vid es bueno solo si produce frutos. Por sí solo no tiene valor, excepto cuando se quema. El Señor declara que Jerusalén es como una vid infecunda que solo sirve para ser quemada. Ezequiel escribe desde el exilio de Babilonia y fue testigo de la destrucción por fuego de buena parte de Judá en 597 a.C. Aunque muchos escaparon, los babilonios regresarían, para destruir totalmente la tierra diez años más tarde. La tierra quedará realmente desolada.

Lectio divina

Pase de 8 a 10 minutos en contemplación silenciosa del siguiente pasaje:
Los seres humanos juzgan por las apariencia pero el Señor ve el corazón.
A los ancianos que se acercaron a Ezequiel pidiendo una palabra del Señor, reciben una llamada de atención por su corazón dividido. Buscan la ayuda del Señor, pero a la vez tienen su corazón apegado a los ídolos. El culto al Dios vivo no admite la concurrencia de supersticiones. El Señor escucha las suplicas del corazón humilde y confiado en Él.
✠ + ¿Qué más podemos aprender de este pasaje?

Preguntas de repaso

1. ¿Cuál es el significado de la visión de Ezequiel de la abominación en el templo?
2. ¿Qué función tenían los gestos simbólicos del profeta?
3. ¿Por qué el Señor critica de modo severo a los falsos profetas de su pueblo?

LECCIÓN 9
El libro de Ezequiel (II)
Ezequiel 16–32

Yo, el Señor, he hablado, y cumplo la palabra: no me retraeré, no tendré piedad ni me compadeceré. Según tu conducta y según tus obras te juzgarán, oráculo del Señor (24:14).

Oración inicial (Ver página 14)

Contexto

Ezequiel 16:1-63. El pueblo rebelde le ha dado al Señor razones suficientes para la punición. Al volverse a otros dioses, el pueblo se ha prostituido, a pesar de todo el bien que habían recibido del Señor. Por haber roto la alianza, el Señor no los protegerá más.

Ezequiel 17—22. El Señor advierte que el rey de Babilonia vendrá a Jerusalén y se llevará al rey y sus oficiales como cautivos. El Señor protegerá a los justos. Pero si sus descendientes pecan, pagarán por su culpa, sin importar la bondad de los padres. Los israelitas tienen una historia de infidelidades desde el tiempo que vivieron en Egipto hasta aquel momento. El rey de Babilonia vendrá contra el pueblo de Judá por los crímenes de la gente de Jerusalén.

Ezequiel 23—24. El Señor instruye a Ezequiel que hable de la idolatría de los israelitas por media de una alegoría. Samaria y Jerusalén son como dos hermanas que se prostituyen. Sus amantes (las naciones a las que se habían aliado y sus dioses) serán sus mismos destructores. Jerusalén se ha hecho como una olla llena de impurezas. La esposa de

Ezequiel muere y aunque él sufre, permanece impasible en el exterior, como señal del tiempo del exilio.

Ezequiel 25—32. En estos capítulos el Señor le trasmite a Ezequiel oráculos de destrucción contra las naciones que han maltratado a Israel. Como elegido del Señor, Ezequiel debe amonestar al pueblo, aunque eso le desagrada. El rebaño del Señor se ha quedado sin pastores. El Señor mismo pastoreará sus ovejas. Las rebeldes, punirá.

PARTE 1: ESTUDIO EN GRUPO (EZEQUIEL 16)

Leer en voz alta Ezequiel 16.

16:1-63 Una alegoría sobre la infidelidad

El capítulo 16 es una gran alegoría sobre la historia de Israel a través de la cual Ezequiel denuncia las abominaciones de Jerusalén. La alegoría empieza recordando el origen del pueblo. Se representa a Israel como una recién nacida, con el cordón umbilical sin cortar y el cuerpecillo sin lavar, ungir, frotar con sal (antigua práctica para fortalecer la piel del bebe) y sin envolver en pañales, había sido abandonada. Nadie se había interesado por Israel desde sus orígenes. El Señor vio su abandono y la acogió. Cuidó de ella hasta que llegó a la edad núbil y la desposó (imagen de la alianza). El Señor la continuó enriqueciendo y adornando con toda especie de dones. Su belleza era admirada por las naciones de su alrededor y se había tornado digna de realeza. Pero la agraciada se ha tornado no solo adúltera, sino que se ha ofrecido como prostituta (imagen del culto idolátrico que se había establecido en Jerusalén). Los dones recibidos se usaban para agradar a los amantes (es decir, para el culto de los ídolos). El pueblo adúltero no solo cedió a la adoración de los falsos dioses, sino a la práctica abominable de naciones vecinas de sacrificar a sus mismos niños. Olvidándose de los grandes beneficios recibidos, la agraciada se prostituía con todo pasante (naciones vecinas). La alianza con los imperios, además de ser infidelidad con el Señor, solía implicar la importación de cultos extranjeros. Se unió con Egipto contra sus enemigos, aceptando adorar a sus dioses. El Señor entonces la entregó a los filisteos. Ella continuó prostituyéndose, procurando otras ayudas contra los asirios y los caldeos (los babilonios), los cuales eventualmente se convertirían en sus enemigos. El Señor juzgará a la agraciada, echándole en cara su lujuria, habiéndose entregado a todo lo que se le acercó y la castigará por sus muchas abominaciones.

Citando el proverbio, "de cual madre, tal hija", el profeta a seguir amplía su alegoría, hablando de la perversión de las "hermanas" de la agraciada, Samaria y Sodoma. Ellas han seguido un camino semejante al de su hermana mayor y se han entregado a toda clase de abominaciones a los ojos del Señor. Jerusalén se consideraba inocente, acusando a Samaria y Sodoma. Pero el Señor condenará a Jerusalén por sus perversiones, por haber quebrantado a la alianza. El Señor se acordará de su alianza antigua con Israel y pactará una eterna. Entonces Israel se acordará de su conducta y se "sonrojará", avergonzado de todas sus culpas cuando el Señor perdone todo lo que ha hecho.

Preguntas de repaso

1. ¿Por qué compara Ezequiel el pecado de Israel con la prostitución?
2. ¿Cuál ha sido el origen de los sacrificios humanos perpetrados en Israel?
3. ¿Cómo afecta la alianza la relación del Señor con su pueblo?

Oración final (ver página 15)

Hacer la oración final ahora o después de la *Lectio divina*.

Lectio divina (ver página 8)

Relaje su cuerpo y mantenga una postura de oración (espalda recta, ojos cerrados, pies en el piso). Puede tomar todo el tiempo que usted quiera en hacer este ejercicio, pero se considera que para fines de este estudio bíblico, de 10 a 20 minutos es suficiente. Las meditaciones que se proporcionan a continuación tienen como finalidad simplemente ayudar a los participantes del grupo a utilizar esta forma de oración, pero tenga en cuenta que la *Lectio divina* tiene como finalidad el llevar a la persona a la contemplación orante, donde la Palabra de Dios hable al corazón.

Una alegoría sobre la infidelidad (16:1-63)

La tradición profética particularmente, expresa el don de la alianza del Señor con su pueblo en términos de una alianza matrimonial. En la alegoría de la infidelidad del pueblo de Ezequiel 16, el profeta manifiesta dicha enseñanza con términos llenos de emotividad e incluso audacia. Israel era un pueblo errante. El Señor le ha elegido, cuidado, mimado con especiales dones y "desposado" con una alianza de fidelidad. Sin embargo, el pueblo ha reiterado traiciones con repetidos adulterios y prostituciones (expresiones para indicar la idolatría). La lejanía de Dios, de su protección benevolente, le ha llevado a la catástrofe del exilio. Pero el cautiverio no tendrá la última palabra en la historia.

✠ ¿Qué más podemos aprender de este pasaje?

PARTE 2: ESTUDIO INDIVIDUAL (EZEQUIEL 17—22)

Día 1: Las águilas y la vid (17:1-24)

El Señor propone una adivinanza para la casa de Israel. Una gran águila (referencia a Nabucodonosor, rey de Babilonia) viene al Líbano y rompe la rama más alta de un cedro (referencia a la casa de David) y se la lleva a la tierra de los mercaderes (Babilonia). Joaquín, rey de Judá, fue capturado y llevado a Babilonia en 597 a.C. La gran águila entonces toma una semilla nativa y la planta en tierra fértil. La semilla parece referirse a Sedecías, tío de Joaquín, a quién Nabucodonosor hizo rey de Judá (tierra fértil) en lugar de Joaquín. Otra gran águila aparece (referencia al faraón de Egipto) y una vid (Israel) extendió sus raíces hacia ella. Aunque Sedecías le había jurado lealtad al rey de Babilonia, el Faraón lo persuade a juntarse a su coalición contra Babilonia. Sedecías acepta caballos y un poderoso ejército de los egipcios. El Señor pregunta si la vid sobrevivirá la arremetida del viento del este (el poder de Babilonia). La vid en realidad se secará y morirá. El Señor predice que Sedecías no recibirá la ayuda egipcia prometida. Babilonia lo castigará por su traición. También el Señor romperá su alianza con él. A pesar de esto, el Señor anuncia un nuevo inicio. El gran árbol de Babilonia se secará, pero el árbol seco de Israel, sin embargo, volverá a florecer.

Lectio divina

Pase de 8 a 10 minutos en contemplación silenciosa del siguiente pasaje:

Con un lenguaje lleno de simbolismo, Ezequiel busca trasmitir una enseñanza de la reciente historia política vivida por el pueblo. Este se alegró con la política de Sedecías, política de rebeldía contra el poder humano al cual estaban sometidos. El Señor dejará progresar el curso lógico de los acontecimientos implicados en dicha elección. Los israelitas ponen su confianza en la ayuda de un poder temporal (Egipto), que al final no llega. Babilonia realizará su represalia.

✠ ¿Qué más podemos aprender de este pasaje?

Día 2: Responsabilidad personal (18—19)

En el tiempo de Ezequiel todavía circulaba en Israel un proverbio que decía, "los padres comen uvas agrias, pero a los dientes de los hijos les da dentera". El significado de dicho proverbio es que para muchos israelitas los hijos pagan los pecados de sus padres. Eso llevó a muchos del pueblo a no reconocer los propios pecados y juzgar que sufrían por el pecado de sus antepasados. El Señor afirma que la vida, tanto de los padres como de los hijos, le pertenece. Cada quien deberá pagar por sus pecados. El conocido proverbio no deberá ser repetido más en Israel.

Si alguien es justo, fiel a la Ley del Señor, esta persona seguramente vivirá. Vivir una vida justa significaba rehusar alimentos ofrecidos a los ídolos, rechazar el culto a otros dioses, respetar la mujer del prójimo, no oprimir al débil, no defraudar ni robar. Un vida justa significa dar de comer a quién tiene hambre, no prestar dinero por usura, abstenerse del mal, en definitiva, observar los preceptos del Señor. Si un hombre engendra un hijo violento que comete un asesinato, es el hijo quien "morirá". Por otro lado, si un padre comete un pecado contra la ley del Señor pero el hijo persevera en la justicia, es el padre quien "morirá" por su pecado. El Señor, al hablar de muerte en el pasaje, no se refiere a la muerte física, sino al castigo merecido por el mal.

Si una persona que hace el mal abandona su mal camino y se vuelve al Señor, haciendo lo que es justo a sus ojos, vivirá. Por su justicia, ninguno de sus crímenes será recordado contra él. El Señor se alegra cuando el malvado abandona su mal camino. De la misma manera, si un hombre justo abandona el camino del Señor y se entrega al mal, no vivirá y no serán recordadas sus justas acciones. A la objeción de algunos israelitas de que el proceder del Señor no era justo, el Señor responde preguntándoles si era más bien el proceder de ellos que no era justo. El Señor juzgará la casa de Israel conforme a su proceder. El Señor no se complace con la muerte de nadie (Ez 18).

En el capítulo 19, el Señor instruye a Ezequiel a que pronuncie un lamento por los príncipes de Israel (sus reyes), usando la imagen de una leonesa y su cría. La alegoría al parecer hace referencia al rey Joacaz de Judá (el león) quien reinaó durante solo tres meses y había hecho el mal ante los ojos del Señor. Su madre (la leonesa) se llamaba Jamutal (ver 2 Reyes 23:30–33). La leonesa crió entonces a un segundo león que también aprendió a desgarrar su presa y devorar a los hombres. La segunda referencia es al rey Sedecías, que morirá en Babilonia (ver 2 Reyes 24:18—25:7). La lamentación se concluye hablando de Judá como una vid fecunda y llena de ramas, que creció y se tornó poderosa, pero que el viento del este (Babilonia) había secado.

Lectio divina

Pase de 8 a 10 minutos en contemplación silenciosa del siguiente pasaje:

La tendencia humana de trasferir la responsabilidad de los propios errores viene de lejos. Por medio del profeta Ezequiel, el Señor corrige el antiguo dicho que circulaba en Israel, insistiendo en la responsabilidad individual: cada quien cargará con las consecuencias de sus propias acciones. En el contexto que vivía el pueblo y en esta etapa de la revelación de Dios, el profeta pone un énfasis especial en la justicia del Señor. La enseñanza buscaba invitar a la perseverancia en la vida justa, conforme a los preceptos del Señor.

✠ ¿Qué más podemos aprender de este pasaje?

Día 3: Infidelidad de Israel y alegoría de la espada (20—21)

Ancianos de Israel vienen donde Ezequiel para consultar al Señor, pero el Señor se rehúsa a atenderles. De acuerdo con la referencia cronológica ofrecida, era agosto del 591 a.C. El Señor instruye a Ezequiel a recordarles a los ancianos las abominaciones de sus antepasados. El Señor escogió la casa de Israel y juró llevar a los descendientes de Jacob de la tierra de Egipto a la tierra que emanaba leche y miel. El Señor instruyó al pueblo que se deshiciese de sus ídolos egipcios, pero ellos se rehusaron. El Señor se enfureció con los israelitas, pero en honor a su nombre, los sacó de Egipto. En el desierto el Señor le regaló a Israel leyes, decretos y precepto que los mantendrían en amistad con Dios. Pero ellos se rebelaron, desobedeciendo los preceptos del Señor. El Señor de nuevo tuvo motivos de castigarlos, pero mantuvo su promesa y continuó ayudándoles. Por perseverar en su rebeldía de espíritu, el Señor permitió que siguiesen observancias que no les hicieron bien. Se corrompieron hasta sacrificar a sus mismos primogénitos. Al tomar consciencia de su abominación, volverían al Señor. Los israelitas hicieron lo que desagradaba al Señor, construyendo lugares de culto idolátrico y ofreciendo sacrificios a los ídolos que no eran nada, en la misma tierra buena a la cual habían sido llevados. El Señor, verdadero rey de Israel, pretende llevar al pueblo otra vez al desierto (referencia al proceso de deportación a Babilonia). El pueblo será disperso y su tierra quedará desolada. La misma alianza será su vara de juicio.

Como la infidelidad ya era una realidad, el Señor, en su frustración, dice que ya sigan por su camino torcido. En este contexto, una vez más el Señor anuncia una nueva suerte para Jerusalén. Sobre el monte del Señor y en Jerusalén, toda la casa de Israel adorará al Señor. El Señor recibirá sus alabanzas y lo mejor de sus ofrendas. El Señor reunirá a su pueblo de entre las naciones entre las cuales había sido dispersado. Al experimentar la salvación de Dios, el pueblo sentirá vergüenza de su rebeldía. El Señor salvará a su pueblo en honor a su nombre.

En el capítulo 21 el Señor le dice al exiliado Ezequiel que mire en dirección al sur, eso es, en dirección de Judá y Jerusalén. El Señor habla de la tierra de Judá como de un bosque que el Señor está encendiendo con un fuego que devorará la tierra del sur hacia el norte. Cuando esto suceda, el pueblo sabrá que el Dios de Israel es verdaderamente Señor. El pueblo se queja de Ezequiel, diciendo que habla solo en parábolas. El Señor le dice que hable claramente de la destrucción de Jerusalén, profetizando contra su santuario y la tierra de Israel. Todos sabrán que el Señor lo dice y lo hace. El oráculo parece situarse al tiempo de la rebelión de Sedecías.

El Señor le dice a Ezequiel que gima amargamente delante del pueblo. Al pueblo preguntarle del por qué de su gemido, Ezequiel dirá que es por lo que ha oído del Señor. Cuando llegue la devastación, todo corazón se derretirá, manos caerán, espíritus desfallecerán y toda rodilla se doblará. Está a las puertas.

El Señor le dice a Ezequiel que profetice sobre la espada de la destrucción que está afilada y pulida y el Señor remacha el argumento de la devastación inminente. Los babilonios se encuentran ya en camino. "En su mano derecha se encuentra la suerte de Jerusalén" (21:27). El mismo rey de Babilonia recuerda los crímenes de Judá. Es irreversible la ruina inminente. Ante la suerte de Jerusalén, los amonitas no deben cantar victoria. Les espera también la espada.

Lectio divina

Pase de 8 a 10 minutos en contemplación silenciosa del siguiente pasaje:
El drama de Israel ha sido su repetida historia de infidelidades para con el Señor. Nos damos cuenta de que su drama no es ajeno a nuestra vida como creyentes. El Señor nos ha justificado en Jesucristo y nos ha puesto en situación de amistad con Dios. La salvación debe hacerse siempre más realidad en nuestras vidas por la acción de la gracia merecida por Jesús y que de tantos modos el Señor nos dispensa. La experiencia de nuestras infidelidades y miserias nos deben llevar a la humildad y a abrir siempre más nuestro corazón a la confianza en la misericordia del Señor.

✠ ¿Qué más podemos aprender de este pasaje?

Día 4: Los crímenes de Jerusalén (22:1-31)

El Señor le dice a Ezequiel que juzgue a Jerusalén, la cual el Señor llama ciudad de sangre e idolatría. A causa de sus abominaciones, Jerusalén es responsable por su propia destrucción. Todas las naciones se mofarán de ella, llamándola "ciudad de nombre impuro, llena de desórdenes" (22:5). El pueblo están cometiendo una serie de pecados prohibidos por la ley del Señor (ver Lv 18—20). Los reyes abusan del poder para derramar sangre; el pueblo deshonra a los padres y las madres, explota a los extranjeros, oprime a los huérfanos y las viudas, profana el sábado, provoca el derramamiento de sangre por las intrigas, asiste a fiestas en honor de los ídolos sobre los montes, falta al pudor, viola a las mujeres, comete el incesto, acepta propinas por asesinatos y se olvida del Señor. Con el símbolo de las manos que aplauden, el Señor se quita la responsabilidad sobre el pueblo infiel. Cargará con su suerte. Serán dispersos entre naciones para purificarse de sus impurezas. La casa de Israel se ha devaluado como metal barato, que al echarse al fuego pierde aún más su valor.

Jerusalén se ha convertido en una tierra impura, como tierra reseca sin agua. Sus gobernantes devoran a los débiles del pueblo como un león a su presa. Sus sacerdotes desobedecen la ley del Señor, no distinguiendo entre el santo y el profano, irrespetando los sábados y profanando al Señor en su medio. Sus jefes son como lobos devoradores, derramando sangre y devastando por lucro injusto. Los falsos profetas refieren falsas visiones y adivinaciones engañosas. Anuncian la paz mientras el Señor advierte sobre la guerra. Persiguen a los verdaderos profetas del Señor, por medio de los cuales el Señor llama a la conversión. Aunque el pueblo persista en su maldad, el Señor todavía busca a alguien que permanezca fiel y que preserve la ciudad de la destrucción. En vano: el Señor no encuentra ni uno solo.

Lectio divina

Pase de 8 a 10 minutos en contemplación silenciosa del siguiente pasaje:

Sorprende e impacta, que no obstante las constantes llamadas del Señor, el pueblo, sus líderes políticos y religiosos, se obstinan en su camino equivocado, que les llevará a la ruina y catástrofe. Las repetidas infidelidades a la voz de la conciencia nos pueden llevar a hacernos sordos a la voz de Dios que resuena en ella. El Señor nos llama la atención sobre el bien que debemos hacer y el mal que debemos evitar en cada ocasión. Sus fuerzas necesarias para obrar en conformidad a ello nunca nos faltarán.

✠ ¿Qué más podemos aprender de este pasaje?

Preguntas de repaso

1. ¿Por qué continúa el Señor perdonando a Israel por su rechazo de la alianza?
2. ¿Cuál es el mensaje de la alegoría de las águilas y de la vid?
3. ¿Qué significaba el proverbio de las "uvas agrias" y en qué términos fue cambiado?
4. Den un panorama de la historia de infidelidad de Israel según Ezequiel.

Parte 3: Estudio en grupo (Ezequiel 23—24)

Leer en voz alta Ezequiel 23—24.

23 La prostitución de las dos hermanas

En el capítulo 23 Ezequiel recuenta una historia simbólica de Jerusalén y Samaria, por medio de una alegoría de dos hermanas llamadas Oholá y Oholibá. La primera, para referirse a Samaria y la segunda para Jerusalén. Samaria fue la capital del reino del norte, que se había separado del reino de sur, estableciendo sus propios lugares de culto. El nombre "Oholá" significa, "su (de ella) propia tienda", y a esta luz, aparece como simbólicamente adecuado para Samaria. "Oholibá" por su parte quiere decir, "mi tienda está en ella", afirmando así Jerusalén como el lugar legítimo del culto, por estar en ella el templo del Señor. La idea de la "tienda" evoca la antigua tienda del encuentro, lugar del culto al Señor durante generaciones hasta la construcción del templo salomónico.

Como ambos reinos buscaron ayuda de Egipto, el Señor los describe como dos prostitutas que sirvieron a Egipto en su juventud, permitiéndole intimidad. Todas las tribus de Israel le pertenecían al Señor, así como toda su descendencia. Estando desposada con el Señor (relación de alianza), Oholá (Samaria) se dejó seducir por la grandeza y el poder de Asiria, simbolizada en sus hombres "magníficamente vestidos, hábiles caballeros, y todos ellos jóvenes apuestos" (23:12). Se entregó a la prostitución con los asirios, al pactar con ellos y servir a sus ídolos. Al hacerlo, no abandonó la prostitución de su juventud con los egipcios. Al darse cuenta del eminente peligro al que se enfrentaría con la invasión de los asirios, Samaria buscó ayuda de los egipcios. Como resultado el Señor le entregó en manos de sus amantes, expuso su desnudez, le quitó sus hijos e hijas y los entregó a la espada. Asiria aniquiló totalmente el reino del norte en 721 a.C., llevando muchos al exilio mientras que algunos lograron huir al reino de Judá.

Aunque Oholibá (Jerusalén) vio lo que le ocurrió a su hermana Oholá, ella también cortejó a los asirios, buscando la ayuda de su ejército contra sus enemigos. Pero Asiria le defraudó. El pueblo de Judá se volvió entonces vasallo de Asiria. Al experimentar la amenaza asiria, Jerusalén acudió a Egipto en busca de ayuda. El Señor se indignó con el pueblo de Jerusalén, echándole en cara su retorno a la depravación de la juventud. El Señor instigará a sus "amantes" contra ella, que la invadirán con ejércitos, carros y una muchedumbre de pueblo. El Señor le permitirá a sus ejércitos realizar un juicio contra el pueblo de Judá y Jerusalén, actualizando la destrucción contra ellos. Los que sobrevivan a la espada, serán consumidos por el fuego. El enemigo la despojará de sus "vestes de lino y joyas" (simbolizando el saqueo que sufrirá Jerusalén). Actuaron como una prostituta con las naciones. Igual que Samaria en su época, Jerusalén ha seguido el mismo camino de perversión. El Señor invita a Ezequiel a juzgar a las dos hermanas y a hacerlas conocer sus abominaciones. Ante el pago de sus depravaciones, todas las naciones conocerán que el Dios de Israel es realmente Señor.

24:1–27 Alegoría de la olla

Ezequiel fecha la alegoría del capítulo 24 como el "décimo día del décimo mes, en el noveno año", lo que lo podría ser a mediados de enero del 588 a.C. Según Ezequiel, aquella es la fecha del inicio del asedio de Babilonia a Jerusalén, que llevará a su conquista y destrucción en 587 a.C. Una vez más el Señor le instruye que hable contra la casa rebelde de Israel por medio de una parábola.

Esta vez el Señor instruye directamente al pueblo, por boca del profeta, a tomar una olla, llenarla con agua y trozos de carne y ponerla al fuego. A seguir el Señor compara la olla hirviente a la ciudad de Jerusalén, llena de sangre e inmundicia que no se puede remover. Su población sufrirá el exterminio, sin remedio. El profeta denuncia que las piedras de la ciudad exponen la sangre derramada. La sangre se consideraba sagrada y su exposición era una abominación que clamaba venganza. Un gran incendio consumirá la ciudad. Sus habitantes quedarán como alimento que se cuece al fuego.

Jerusalén será como una olla vacía puesta sobre brasas, cuyas impurezas se disuelven y su suciedad desaparece. La destrucción de Jerusalén la purificará de todas sus abominaciones. No importa cuán grande el desastre fuera, el pueblo se resiste en enmendar sus caminos. Pero su mismo comportamiento será su juez y veredicto.

A seguir, el Señor le anuncia a Ezequiel que el amor de su vida, su esposa, le será quitada. No obstante su dolor, Ezequiel no debe manifestar luto públicamente. Al ser cuestionado sobre su comportamiento, el profeta le anunciará al pueblo que el Señor permitirá que el templo, niña de sus ojos, sea profanado y que los hijos e hijas de Judá, mueran por la espada. La catástrofe sucederá tan rápidamente como el luto de Ezequiel. El número de los muertos del pueblo será tan grande, que dejará a los que sobrevivan sin expresión de luto.

Preguntas de repaso

1. ¿Cuál es el mensaje de la historia de las dos hermanas?
2. ¿Qué significado tiene la alegoría de la olla?
3. ¿Cuál es el mensaje del episodio de la muerte de la esposa de Ezequiel?
4. ¿Por qué la indignación del Señor se vuelve hacia Egipto?

Oración final (ver página 15)

Hacer la oración final ahora o después de la *Lectio divina*.

Lectio divina (ver página 8)

Relaje su cuerpo y mantenga una postura de oración (espalda recta, ojos cerrados, pies en el piso). Puede tomar todo el tiempo que usted quiera en hacer este ejercicio, pero se considera que para fines de este estudio bíblico, de 10 a 20 minutos es suficiente. Las meditaciones que se proporcionan a continuación tienen como finalidad simplemente ayudar a los participantes del grupo a utilizar esta forma de oración, pero tenga en cuenta que la *Lectio divina* tiene como finalidad el llevar a la persona a la contemplación orante, donde la Palabra de Dios hable al corazón.

La prostitución de las dos hermanas y la alegoría de la olla (Ez 23–24)

Con otras dos alegorías, la de la prostitución de las dos hermanas y la de la olla, el profeta insiste una vez más en la gravedad y consecuencias de las infidelidades del pueblo. El profeta participa ya de dicha triste suerte: la vida del profeta quedó literalmente comprometida con el anuncio que trasmitía de parte del Señor. El Señor le invita a sufrir callado la pérdida de su bien-amada como forma de participar en el sufrimiento de Dios. El Señor no es insensible a la tendencia de su pueblo al error y a los sufrimientos. La experiencia del exilio servirá de purificación. Ezequiel todavía tendrá preciosas promesas para trasmitirle al pueblo de parte de Dios.

✠ ¿Qué más podemos aprender de este pasaje?

Parte 4: Estudio individual (25—32)

Oráculos contra las naciones (Ez 25—32)

Los capítulos 25 al 32 del libro de Ezequiel reportan una serie de oráculos contra naciones extranjeras. Cuando los babilonios conquistaron Judá, algunos pueblos, ya conocidos en la tradición bíblica como enemigos de Israel, quisieran aprovecharse de la debilitada condición de Judá para atacar a los habitantes que ahí quedaron. El Señor continuará en su venganza contra dichas naciones. En dichos oráculos Ezequiel denuncia dos pecados de los pueblos: el rencor contra el pueblo escogido o la soberbia frente a Dios. El castigo anunciado toma la forma o de una gran catástrofe o del fin de la nación como imperio dominador. Algunos oráculos son más genéricos y breves (por ejemplo, contra Edom y Filistea) y otros más extensos y detallados (como los oráculos contra Tiro).

Entre los profetas, desde Amós, se acostumbraba dirigir oráculos contra otras naciones, que de alguna forma se presentan en la tradición bíblica como enemigas de Israel. Una sección semejante la hemos encontrado al estudiar al profeta Jeremías y en parte, el libro de Isaías.

De hecho, Jeremías recibe un tal encargo junto con su misma vocación profética (ver Jr 1:5.9–10). Los profetas, cada uno en su tiempo y modo, se hacen testigos de las componendas político-religiosas implicadas en la accidentada historia de Israel que envolvía de varias maneras a los pueblos vecinos. La sección de Ez 25—32 incluye oráculos contra siete naciones que rodeaban a Judá: Amón, Moab, Edom, Filistea, Tiro, Sidón y luego Egipto. Curiosamente, Ezequiel no menciona a Babilonia. Posiblemente los oyentes mismos deberían hacer esa conexión, a partir de los anteriores vaticinios.

Ezequiel dirige la primera serie de oráculos contra Amón y Moab, vecinos nororientales y sudorientales de Judá, respectivamente. Por haberse mofado de la destrucción de Judá, Jerusalén, el templo y el exilio del pueblo, el Señor les entregará a una tribu (árabe) nómada procedente del este que tomará posesión de su territorio y riquezas (los pueblos árabes constituían una amenaza continua a aquellos territorios). Contra Edom, conocida por su sabiduría y actividad comercial y los filisteos, conocidos enemigos de Israel desde los tiempos de David, el Señor anuncia genéricamente su venganza, por haberse vengado ellos contra la casa de Judá.

La profecía contra Tiro, al parecer tuvo lugar poco tiempo antes de la caída de Jerusalén. Tiro tuvo una importante participación en las varias tentativas contra los babilonios, que antecedieron los acontecimientos del 587 a.C. Abandonó a su aliada Jerusalén y se regocijó por su ruina. Tiro era un centro comercial importante y le hacía competencia a Jerusalén. Era pueblo de hábiles marineros, grandes mercaderes, tierra de hermosas regiones y conocida también por sus sabios. Se le anuncia un duro castigo por su soberbia: "te precipitarán en la fosa, y morirás de muerte violenta en el corazón de los mares (Ez 28:8). Sidón, otra importante ciudad fenicia pero inferior a Tiro, tomó parte en los movimientos políticos que llevó Judá a la ruina (ver Jr 27:3). El Señor enviará contra ella la peste y la espada. Finalmente, el profeta vaticina la punición de Egipto. El orgullo de Egipto por su río (Nilo) de míticos animales feroces y por sus imponentes construcciones, caerá y su presunta fuerza se desplomará. La muchedumbre del país será aniquilada por manos de Nabucodonosor. El oráculo contra Egipto termina con la alegoría del cedro y del cocodrilo, representando al faraón y su futura suerte (Ez 31–32).

Lectio divina

Pase de 8 a 10 minutos en contemplación silenciosa del siguiente pasaje:

En la época de Ezequiel, varias naciones vecinas de Israel se vanagloriaban de su grandeza y poder, mirando con desprecio a la nación israelita, flagelada por conflictos y conquistas. Ezequiel afirma, con un lenguaje conocido de la tradición profética, la verdad que repetirá Jesús, de que "quién se exalta será humillado" (ver Mt 23:12). El error y la debilidad son una posibilidad siempre latente de la libertad humana. No solo la historia sagrada dará amplio testimonio de esta verdad. La tradición bíblica insistirá en que la soberanía y la autoridad son auténticas cuando se viven como servicio que lleva a la solidaridad.

✠ ¿Qué más podemos aprender de este pasaje?

Preguntas de repaso

1. ¿Cuántos y cuáles son los pueblos que componen la sección de los oráculos contra las naciones?
2. ¿Qué tienen Amón, Moab y Edom en común que los hizo enemigos del Señor?
3. ¿Por qué pronunció el Señor un oráculo contra Tiro y Egipto?

LECCIÓN 10
El libro de Ezequiel (III)
Ezequiel 33–48

Infundiré mi espíritu en ustedes y vivirán; los estableceré en su suelo, y sabrán que yo, el Señor, lo digo y lo hago, oráculo de Yahvé (37:14).

Oración inicial (Ver página 14)

Contexto

Ezequiel 33—34. La sección del libro de Ezequiel que empieza con el capítulo 33 se contextualiza en torno al cerco de Jerusalén y al período posterior. La sección comienza con un oráculo sobre la misión y responsabilidad de los profetas, centinelas del pueblo. Ezequiel predica la conversión, pero es la perversión lo que permanece. Visto que los pastores del pueblo se apacientan a sí mismos, el Señor anuncia que vendrá Él mismo a pastorear a Israel.

Ezequiel 35—48. El capítulo 35 continúa la línea positiva que empezó con Ez 33, que enfatiza la esperanza. El Señor habla de la regeneración de la tierra de Judá y de los israelitas. La visión de los huesos secos anuncia una experiencia de resurrección para el pueblo. El regreso a la tierra marcará un nuevo inicio de un Israel unido. La nueva Jerusalén y el nuevo Templo, anuncian el retorno de la gloria del Señor en medio de su pueblo.

Parte 1: Estudio en grupo (Ezequiel 33—34)

Leer en voz alta Ezequiel 33—34.

33:1-33 El profeta como centinela

Aunque con frecuencia los profetas tuvieron que anunciar un mensaje de Dios no siempre agradable al pueblo, el capítulo 33 comienza con palabras del Señor sobre la responsabilidad del anuncio profético. El profeta jamás debe omitir el anuncio por evitar la confrontación con el pueblo. El oráculo examina la imagen del centinela, figura frecuente en los profetas para referir su actividad. Cuando el centinela ve que la espada (un ejército enemigo) se acerca, él debe sonar la trompeta para alertar al pueblo del peligro que se acerca. Si el pueblo oye la alerta, pero no hace caso y perece, el centinela no es responsable. Pero si el centinela ve acercarse el peligro y no alerta al pueblo y la espada lo diezma, el Señor hará al centinela responsable de las muertes en el pueblo.

El Señor nombró a Ezequiel centinela para la casa de Israel, lo cual significa que debe anunciar al pueblo todo lo que el Señor le manda anunciar. Si el Señor dice que amoneste al impío por su mala conducta y no lo hace, se vuelve responsable de su muerte por el pecado (punición). Si por el contrario, el profeta denuncia al malvado por su conducta pero éste no le hace caso, morirá, pero Ezequiel salvará su vida. El Señor le dice a Ezequiel que le repita al pueblo que se están corrompiendo por sus pecados. Si le hacen caso y cambian su camino, vivirán, pero caso contrario, morirán. A pesar de todo, el pueblo sigue afirmando que el proceder del Señor no es justo. Un sobreviviente anuncia que Jerusalén ha sido tomada. La noticia le permite a Ezequiel volver a hablar libremente (se había quedado limitado en su habla hasta entonces). Sobrevivientes de Israel, no obstante la experiencia de destrucción, se vanaglorian de haberse quedado en la tierra de sus padres. Ezequiel debe amonestarles para que cambien de vida. De lo contrario, perecerán también. El cumplimiento de las palabras del Señor les hará ver que hay un verdadero profeta en su medio.

34:1-31 Parábola de los pastores

El Señor le dice a Ezequiel que profetice contra los pastores de Israel (los líderes del pueblo). Ellos se apacientan a sí mismos, proveyendo por sus necesidades y descuidando al rebaño a ellos confiado. Las ovejas se dispersan y se vuelven pasto de animales salvajes porque no fortalecen a la oveja débil, curan la enferma, vendan la herida, recobran la extraviada. Nadie cuida de ellas. Visto que los pastores no atienden el rebaño del Señor, el Señor se los quitará. Ezequiel entonces anuncia un nuevo Israel. El Señor mismo pastoreará su rebaño, reuniendo a sus ovejas de todos los lugares donde habían sido dispersadas durante la oscuridad de la invasión babilonia. El Señor las hará volver y las apacentará en los montes de Israel, cuidará la herida y curará la enferma. El Señor juzgará las ovejas cebadas, causando su destrucción. Separará las ovejas de los cabritos, y proveerá por sus necesidades. Su rebaño ya no será dispersado. El Señor hará una alianza de paz con su rebaño, expulsará del país a las bestias salvajes, permitiendo a sus ovejas pastar libremente por el país. Habrá abundancia de lluvia, árboles frutales, cosechas y moradas en su tierra. Vivirán en paz en la tierra de Israel, después que el Señor las libre de las manos de sus opresores. Sabrán que el Señor es el pastor de Israel, Él su Dios y ellos su pueblo.

Preguntas de repaso

1. ¿Qué admonición le da el Señor al centinela (profeta)?
2. ¿Qué dice el Señor con respecto a los sobrevivientes de Jerusalén?
3. ¿Cuál es el mensaje principal del discurso a los pastores (Ez 34)?

Oración final (ver página 15)
Hacer la oración final ahora o después de la *Lectio divina*.

Lectio divina (ver página 8)

Relaje su cuerpo y mantenga una postura de oración (espalda recta, ojos cerrados, pies en el piso). Puede tomar todo el tiempo que usted quiera en hacer este ejercicio, pero se considera que para fines de este estudio bíblico, de 10 a 20 minutos es suficiente. Las meditaciones que se proporcionan a continuación tienen como finalidad simplemente ayudar a los participantes del grupo a utilizar esta forma de oración, pero tenga en cuenta que la *Lectio divina* tiene como finalidad el llevar a la persona a la contemplación orante, donde la Palabra de Dios hable al corazón.

El profeta como centinela (33:1–33)

Como centinelas puestos por Dios, los profetas debían anunciar todo lo que el Señor les mandaba a anunciar para el bien del pueblo. No anunciaban su mensaje, sino el de Dios. Su voz era por ello, un tanto molesta a los oídos del pueblo, que no se complacían con su anuncio. Le llamaba a la reforma de la vida, a volver al camino de Dios. Con el pasar del tiempo Israel valorará más la presencia de los profetas. Es un bien enorme que resuenen voces en nuestro medio denunciando peligros y previniendo calamidades.

✠ ¿Qué más podemos aprender de este pasaje?

Discurso a los pastores (34:1–31)

A los reyes y líderes del pueblo en Israel y en el oriente antiguo se les llamaba pastores. La función de un pastor es vigilar el rebaño a él confiado, llevando las ovejas a buenos pastos, cuidando su salud y protegiéndolas de los asaltantes. El Señor reprende a los pastores que se pastorean a sí mismos en vez de las ovejas y anuncia que Él mismo pastoreará su rebaño. La promesa del Señor se ha cumplido plenamente en Jesucristo, el Buen Pastor, cuya misión continúa a través de los ministros de su Iglesia.

✠ ¿Qué más podemos aprender de este pasaje?

PARTE 2: ESTUDIO INDIVIDUAL (EZEQUIEL 35—48)

Día 1: Regeneración de la tierra y del pueblo de Israel (35—36)

La palabra del Señor viene a Ezequiel con oráculos más extensos contra el monte Seír, el altiplano sobre el cual la capital de Edom estaba edificada. El monte representa la tierra de Edom en su totalidad. Así como el Señor devastó Jerusalén como punición por sus pecados, así también destruirá el monte Seír y lo dejará desolado por su maldad contra los israelitas. Con ocasión del asedio de Babilonia, muchos edomitas aprovecharon la debilidad de Israel y mataron a muchos del pueblo. Debido a que Edom dijo que las dos naciones, Israel y Judá, le pertenecían y trató de apoderarse de ellas, el Señor les pagará de acuerdo con la manera como trataron a los israelitas. Edom se arruinará y sabrá que el Señor es el Dios de Israel.

A seguir, el Señor le dice a Ezequiel que profetice a los montes de Israel, como si fueran seres humanos. El enemigo, Edom, celebra que Israel ahora es suyo, alegrándose por la humillación de Israel. En un "momento de ira" el Señor castigó al Israel pervertido por su mal. Pero suerte semejante tendrán que soportar las naciones que se mofaron de él. El Señor renovará la tierra de Israel, que se hará de nuevo lugar fecundo y fructífero para el pueblo del Señor. La casa de Israel, sus habitantes y su ganado, se multiplicarán de nuevo. El Señor le concederá mejores condiciones de las que tenían antes del exilio.

El Señor entonces instruye a Ezequiel a que vuelva a recordarles a los israelitas su comportamiento perverso, que había contaminado la tierra en que habitaban. Por eso cayó sobre ellos la cólera del Señor, que destruyó la tierra y dispersó a sus habitantes entre las naciones. Pero el Señor anuncia en honor a su gran nombre, que Israel había profanado con su conducta, que el Señor los volverá a rescatar de las naciones entre las cuales se habían dispersado y todos sabrán que Él es el Señor. Les renovará desde el interior, quitándoles del pecho el corazón de piedra y dándoles un corazón de carne. Pondrá su espíritu en sus entrañas y hará que caminen según las normas y preceptos del Señor. Entonces serán su pueblo y el Señor será su Dios y habitarán en paz en la tierra que el Señor juró dar a sus padres. Purificará al pueblo de todas sus impurezas. Reconocerán entonces el mal que habían hecho y sentirán asco de él. La tierra desolada se convertirá en un nuevo Edén.

Lectio divina

Pase de 8 a 10 minutos en contemplación silenciosa del siguiente pasaje:
> El Señor anuncia una obra maravillosa en honor a su nombre. El Señor renovará a su pueblo desde su interior, quitándole el corazón de piedra, poniendo su espíritu en lo más íntimo de la gente, haciendo que caminen conforme su Ley, que sean verdaderamente su pueblo y que el Señor verdaderamente su Dios. Las bendiciones de la misericordia del Señor harán que la tierra desolada se convierta en un nuevo jardín de Edén. No debemos nunca desesperar por nuestras fragilidades y experiencias de miseria. El Señor tiene el poder de concedernos un nuevo comienzo. Basta que nos hagamos disponibles.

✠ ¿Qué más podemos aprender de este pasaje?

Día 2: Visión de los huesos secos y de las dos varas (37:1-14)

El Señor le trasmite un estupendo mensaje al pueblo exiliado que se consideraba como muertos en el sepulcro. El Señor le concede a Ezequiel la visión de un valle lleno de huesos humanos e invita al profeta a examinarlos. El Señor entonces le pregunta si acaso aquellos huesos podrían volver de nuevo a la vida. Ezequiel responde que eso sólo el Señor lo podría decir. Entonces el Señor le dice a Ezequiel que profetice sobre aquellos huesos secos. Al pronunciar las palabras que el Señor le había dicho, se escuchó un fuerte ruido y los huesos empezaron a juntarse, se cubrieron de carne y piel, pero todavía estaban muertos. El Señor instruye a Ezequiel a que invoque el Espíritu para que sople sobre aquellos muertos y retornen a la vida. El profeta así lo hace y contempla una gran resurrección. Los huesos secos simbolizaban la casa de Israel, aparentemente muerta en el exilio. El Señor anunció que abrirá sus "sepulturas" y los volverá a llevar a la tierra prometida.

A seguir el Señor instruye a Ezequiel a realizar un gesto simbólico. Debe tomar dos varas de madera y escribir en ellos dos frases simbólicas referentes a la casa de Judá e Israel (37:16). A seguir debe juntarlas en la mano, de manera que formen una sola. Cuando los hijos de Israel le pregunten el significado de aquel gesto, Ezequiel debe decir que el Señor anunciaba reunir de nuevo a todo Israel disperso en una sola nación. Ya no volverán a dividirse en dos reinos. No volverán a contaminarse con sus ídolos, sus abominaciones y trasgresiones (37:23). El Señor salvará a su pueblo, lo purificará y lo apacentará por mano de un nuevo descendiente davídico. Concluirá con ellos una alianza de paz que será una alianza eterna. Habitarán en seguridad en la tierra de Israel. El Señor tendrá morada entre ellos para siempre.

Lectio divina

Pase de 8 a 10 minutos en contemplación silenciosa del siguiente pasaje:

La visión de los huesos secos presenta un oráculo de esperanza para la casa de Israel. El Israel exiliado se sentirá como muerto, sepultado, sin futuro. Por medio del profeta, el Señor les anuncia su maravillosa obra de salvación y restauración futura. El oráculo de Ezequiel manifiesta el poder de Dios, que aun en situaciones desesperanzadas es capaz de sacar nueva vida y nuevo comienzo. La palabra del Señor quiere abrir

el ánimo del pueblo a la esperanza y a la confianza, y renovarle en su fe.
✠ ¿Qué más podemos aprender de este pasaje?

Día 3: Profecías contra Gog (38—39)

Los capítulos 38 y 39 de Ezequiel, poseen ejemplos de la forma de expresión que se conocerá como literatura apocalíptica. Para comprender mejor su enfoque y contenido es importante recordar otras secciones de la tradición profética a las cuáles se asemejan por su estilo como Is 24-27; 34-35; 65-66; Jl 3-4; Miq 4-5; Zac 14. Éstas tratan de discursos escatológicos que manifiestan un juicio definitivo de Dios antes del establecimiento del nuevo orden prometido. Se presenta a Dios como juez y rey. En la tierra se enfrentan dos personajes colectivos. El enemigo asume el nombre ficticio Gog (no se ha podido identificar a ningún personaje histórico con este nombre). El otro personaje es el "resto" del pueblo elegido. En su confrontación se manifiesta el juicio escatológico (final) de Dios. Se invita al enemigo simbólico a comparecer a un juicio de condena o a la guerra para una derrota definitiva. El pueblo reducido en tamaño, parece ser sometido a una nueva purificación, después de la cual se convertirá en reino de Dios y recibirá copiosas bendiciones de restauración.

La sección presenta tres profecías en forma narrativa. La primera (Ez 38) se refiere a Gog, rey de Magog, que se arma de valor para hacer guerra contra el pueblo de Israel, pero en realidad lucha contra su Dios. El Señor le reta en su poderío, le hará desviarse del rumbo y echará por tierra sus planes de destrucción. Ir contra la tierra de Israel, será ir al encuentro de su propia ruina. La segunda profecía (Ez 39:1-16) se articula en torno a tres motivos: armas, muerte en el país y fieras. El pueblo de Israel saldrá vencedor y hará de las armas del ejército de Gog, leña para el fuego. Los cadáveres de los vencidos tornan impura la tierra. Por ello es necesario darles sepultura y se asigna como cementerio del ejército enemigo un valle entero de Israel. De forma breve, la tercera profecía (39:17-20) desarrolla el motivo de las fieras que son invitadas a un banquete sacrificial simbólico preparado por Dios. La imagen del banquete celebra la victoria definitiva del Señor sobre el enemigo. La conclusión de la sección (39:21-9), ofrece una explicación de la causa del exilio de Israel, su sentido y el anuncio de la restauración. Celebra la justicia, santidad y misericordia del Señor.

Lectio divina

Pase de 8 a 10 minutos en contemplación silenciosa del siguiente pasaje:
Con un enigmático lenguaje de tono apocalíptico, un poco extraño a nuestra sensibilidad moderna, Ezequiel anuncia el juicio definitivo de Dios sobre los acontecimientos de la historia del pueblo. Los que despojaron y saquearon, serán entonces despojados y saqueados. Los vencedores serán vencidos. Históricamente, Babilonia será despojada y conquistada por Persia, imperio que permitirá a los exiliados volver a la tierra de Israel. Entre otras cosas, la sección celebra la eficacia de la palabra del Señor. Dios es fiel a sus promesas.

✠ ¿Qué más podemos aprender de este pasaje?

Preguntas de repaso

1. ¿Cuál es el mensaje principal del episodio de los huesos secos?
2. ¿Qué importancia tenía en el contexto del exilio un gesto como el de las dos varas?
3. ¿En qué se manifiesta la gloria del Señor anunciada en Ez 39:21?

Nota

Los capítulos 40 al 48 del libro de Ezequiel, presenta un plan detallado de la reconstrucción política y religiosa de la nación israelita del retorno del exilio. La sección parece haber pasado por varios procedimientos editoriales, con añadiduras y cambios que hacen algo compleja su comprensión. Para el lector que no está familiarizado con las costumbre y rituales del antiguo Israel, su lectura puede hacerse tediosa, pesada y particularmente dificultosa. Por ello se ha preferido concluir la presente lección apenas con una visión de conjunto sintética de dicha sección, que le permita al lector, dada su complejidad, hacerse una idea de su contenido.

El profeta se inspira en el pasado, tanto remoto como reciente, de su pueblo, buscando adaptar elementos de la legislación antigua a las nuevas circunstancias que todavía deberán verificarse. La finalidad de dichos oráculos parece ser la organización ideal de la nueva comunidad que va a ser construida, para que aprenda de las experiencias negativas del pasado y se proyecte hacia un futuro de esperanza por la fidelidad a la alianza con Dios que se encontrará de nuevo en su medio. Buena parte de la sección trata de legislaciones referentes al culto (Ezequiel era sacerdote), con amplio espacio a leyes sobre la reconstrucción del templo con sus varias partes, sus rituales sacrificiales, cuestiones relativas al sacerdocio y a las fiestas religiosas principales (el respeto del sábado, la Pascua y los Tabernáculos). Por su contenido, la sección recuerda porciones del Pentateuco, particularmente de su legislación ritual contenida en partes del libro del Éxodo pero sobre todo en el libro de Levítico. Sus capítulos finales hablan de la nueva división de la tierra prometida, semejante a lo ocurrido cuando la primera conquista de la tierra, conforme a lo trasmitido en el libro de Josué.

LECCIÓN 11
El libro de Daniel (I)
DANIEL 1—6

Bendito seas, Señor, Dios de nuestros padres, alabado y ensalzado por los siglos. Bendito sea tu nombre, santo y famoso, aclamado y ensalzado por los siglos (3:52).

Oración inicial (Ver página 14)

Contexto

Parte 1: Daniel 1—2. Los capítulos 1 al 6 del libro de Daniel contienen seis historias sobre Daniel y su relación con los reyes en las cortes de Babilonia y de Persia. Daniel interpreta los sueños de los reyes, alertándolos acerca de su destrono, aflicciones o muerte. Aunque sus intervenciones incitan la envidia de otros cortesanos que quieren darle muerte, Daniel sobrevive todo complot con la ayuda de los ángeles del Señor. Daniel 1—2 recuenta como Daniel y otros tres judíos, habían sido escogidos para formar parte de la corte del rey Nabucodonosor de Babilonia. Durante el entrenamiento, se mantuvieron fieles a las leyes de Israel.

Parte 2: Daniel 3—6. El capítulo 3 describe la milagrosa liberación de Daniel y los otros tres jóvenes, del horno de fuego abrasador al cual habían sido echados por haberse rehusado a adorar la estatua de oro de un dios pagano. El capítulo 4 recuenta una experiencia de una visión del rey Nabucodonosor que revelaba que se volvería loco. En el capítulo 5, un sucesor suyo nombrado Baltasar, al divertirse con las copas del tesoro del templo del Señor llevado a Babilonia, ve una mano misteriosa escribiendo en la pared un escrito misterioso. Y en el capítulo 6 arrojan a Daniel en la cueva de los leones, pero el ángel del Señor lo salva. La historia sucede durante la época del Rey Darío I de Persia.

PARTE 1: ESTUDIO EN GRUPO (DANIEL 1—2)

Leer en voz alta Daniel 1—2.

1:1-21 La prueba de los alimentos

Aunque el libro de Daniel se encuentra en medio del bloque de los profetas, el lector se dará cuenta inmediatamente que se trata de un tipo de escrito bastante diverso de los que hasta ahora había estudiado en el presente manual. El libro tiene más bien un estilo sapiencial, con varias historias edificantes y algunas secciones de tono apocalíptico. Su punto de contacto principal con la literatura profética, además del que se ha encontrado en partes de Isaías y Ezequiel, es la ambientación de sus historias en el contexto del exilio de Babilonia.

De hecho, autor del libro empieza hablando del inicio del cerco de Jerusalén por Nabucodonosor, en el tercer año del reinado de Joaquín en Judá. Esa conquista tuvo lugar en 587 a.C. con la destrucción de Jerusalén y una gran deportación de pueblo. Los estudiosos son bastante unánimes en fechar el libro de Daniel durante el tardío período helenístico (en torno a la primera mitad del segundo siglo a.C.), mucho tiempo después de los acontecimientos del exilio.

El rey ordena a Aspenaz, jefe de sus eunucos, que inserte en la corte algunos miembros de la familia real y de la nobleza de Israel para que les enseñaran la lengua y la literatura de los caldeos. Deberían ser escogidos solo varones jóvenes, sin defectos físicos, de bella apariencia, hábiles en la sabiduría y dotados de conocimiento y discernimiento. El rey ordenó que se les tratara bien, se le proveyese alimentos y que después de tres años de entrenamiento, pasarían al servicio del rey. De entre los judíos deportados a Babilonia, fueron escogidos Daniel, Ananías, Misael y Azarías. El encargado del rey, les cambió los nombres: de Daniel a Baltasar, de Ananías a Sidrac, de Misael a Misac y de Azarías, a Abdénago. Daniel decide no contaminarse con la comida de los babilonios y le pide al jefe de los eunucos, que les traiga verduras y agua. Su pedido es atendido. Daniel y sus compañeros mantienen la buena salud y aspecto, a pesar de alimentarse solamente con aquella comida frugal, en fidelidad a la Ley de su Dios. El Señor les concedió facilidad para aprender la lengua y cultura de los caldeos. Al término de los tres años, los cuatro muchachos comenzaron su servicio del rey. Daniel permanecerá en Babilonia hasta los primeros años del reinado de Ciro de Persia, que conquistará Babilonia, en 539 a.C.

2:1-49 El sueño de Nabucodonosor

Nabucodonosor tiene un sueño que lo inquieta hondamente. Ordena a los magos, adivinos, hechiceros y astrólogos, considerados los sabios de su reino, que se lo interpreten. Sospechando que pudiesen inventar una interpretación en vez de interpretar el sueño, el rey los amenaza que si no logran explicar su sueño, "los cortarán en pedazos y sus casas serán demolidas". En cambio, al que lo descifre, el rey le promete "regalos, obsequios y honores" (2:5-6). Al oír el sueño del rey, sus sabios declaran que no hay humano que lo pueda interpretar, solo los dioses. Ante esto el rey se enfurece y manda matar a los sabios ineptos. Su reacción ofrece una muestra de su temperamento colérico. El decreto del rey incluía también a Daniel y sus compañeros.

Al enterarse de esto, Daniel le pregunta discretamente a Arioc, jefe de la guardia real, el por qué de la ira del rey y le pide a Nabucodonosor un plazo para darle una interpretación del sueño. Al volver a su casa, Daniel invita a sus compañeros, Ananías, Misael y Azarías, a implorar con él la misericordia del Rey del Cielo sobre aquel misterio, para no perecer en Babilonia. "El misterio le fue revelado a Daniel en una visión nocturna y él bendijo al Dios del Cielo" (2:19). Daniel entonces habla con Arioc, diciéndole que no mate a los sabios del rey y que lo lleve a ver Nabucodonosor para interpretar su sueño. Daniel entonces, dando testimonio de su Dios del Cielo, que revela misterios, le explica el significado del sueño a Nabucodonosor. Éste se refiere a acontecimientos futuros, no inmediatos.

La estatua, hecha de diversos materiales, significa reinos ahora divididos, pero que se unirán. La cabeza de oro se refiere al reinado de Nabucodonosor. El Rey del Cielo establecerá al final de todo un reino que no tendrá fin. Es el significado de la piedra que rueda de la montaña y que rompe la estatua en pedazos. Aunque el libro no mencione explícitamente qué reinos representa cada uno de los materiales (excepto la cabeza de oro), no es difícil seguir la progresión de los reinos, considerando el tiempo de composición del libro. La plata parece significar el reino de los medos, el bronce de los persas, el hierro el de los griegos (el período helenístico) y la división del reino de Alejandro Magno después de su muerte. Los dos reinos, de los tolomeos de Egipto y de los seleúcidas de Siria, al sur y norte de Palestina, se consideraban como dos grandes amenazas para los judíos. Ante la respuesta sabia de Daniel, el rey sorprendido cumple lo prometido, y Daniel y sus compañeros son recompensados con regalos y cargos en su reino.

Preguntas de repaso

1. ¿Qué manifiesta Daniel con su rechazo a comer alimentos prohibidos por la Ley de Dios?
2. ¿Por qué se rehúsa Nabucodonosor a contarles su sueño a los sabios de su corte?
3. ¿Cuál es el mensaje del sueño del rey?

Oración final (ver página 15)

Hacer la oración final ahora o después de la *Lectio divina*.

Lectio divina (ver página 8)

Relaje su cuerpo y mantenga una postura de oración (espalda recta, ojos cerrados, pies en el piso). Puede tomar todo el tiempo que usted quiera en hacer este ejercicio, pero se considera que para fines de este estudio bíblico, de 10 a 20 minutos es suficiente.

Las meditaciones que se proporcionan a continuación tienen como finalidad simplemente ayudar a los participantes del grupo a utilizar esta forma de oración, pero tenga en cuenta que la *Lectio divina* tiene como finalidad el llevar a la persona a la contemplación orante, donde la Palabra de Dios hable al corazón.

La prueba de los alimentos (1:1–21)

La fidelidad al Señor se construye en lo pequeño. La fidelidad de la vida se forma por las pequeñas fidelidades de cada día. Esta es una enseñanza que podemos sacar de este episodio del libro de Daniel. El Señor no dejó de recompensar la fidelidad de su servidor. Como enseñará Jesús en la parábola de los talentos,

el que es fiel en lo poco, será también fiel en lo mucho (ver Mt 25:21). Por su fidelidad a Dios, Daniel es exaltado en la corte del rey.
- ✠ ¿Qué más podemos aprender de este pasaje?

El sueño de Nabucodonosor (2:1-49)

En el libro de los Proverbios se lee: "La soberbia precede a la ruina y el orgullo a la caída" (16:18). Dicha máxima puede sintetizar bien una enseñanza fundamental del episodio del sueño del rey en Daniel 2. Con su interpretación Daniel también afirma la soberanía de Dios sobre todos los reinos de la tierra. En Jesús, Dios ha dado inicio a la instauración de su reinado definitivo, que se extiende ya a todos los pueblos. Todo el que cree en Jesús, se hace miembro de este reino.
- ✠ ¿Qué más podemos aprender de este pasaje?

PARTE 2: ESTUDIO INDIVIDUAL (DANIEL 3—6)

Día 1: El horno de fuego abrasador (3:1-100)

A la estatua modelada por Dios en un sueño y que sirve para trasmitir un mensaje verdadero, le sigue la dedicación de una estatua hecha por manos humanas, que abre la narrativa a la polémica contra la idolatría. Paradójicamente lo imaginado representa simbólicamente lo real y la estatua real de una divinidad babilonia. La misma falta de identidad de la estatua, es mensaje de su falta de contenido.

El relato se concentra en los tres amigos de Daniel, Ananías, Misael y Azarías, para entonces ya encargados de provincias reales. El rey Nabucodonosor ordena la erección de una estatua de oro gigante y convoca a todos los oficiales de su reino a participar en la dedicación de la misma. Por decreto real, al sonido de instrumentos, todos los presentes deberían postrarse y adorar la estatua de oro, bajo amenaza de muerte en un horno de fuego abrasador. Los tres jóvenes judíos, se rehúsan a postrarse y son acusados ante el rey. En su presencia reafirman su decisión, dando testimonio de fidelidad a Dios. Nabucodonosor entonces se enfurece y ordena calentar el horno siete veces más de lo ordinario y, habiendo sido amarrados, Sidrac, Misac y Abdénago son lanzados al horno de un fuego abrasador.

LECCIÓN 11: EL LIBRO DE DANIEL I

Milagrosamente, comienzan a caminar entre las llamas, alabando y bendiciendo al Señor. El capítulo continúa refiriendo la gran alabanza que los tres muchachos le cantaron al Señor. La información del portento llega a los oídos del rey, que se queda turbado. El rey viene en persona a contemplar lo que ocurre y reconoce la presencia de cuatro personas en el fuego, cuando solo habían sido lanzados tres jóvenes. Era el ángel del Señor, que había venido a salvar a sus fieles. El monarca afirma el prodigio ante sus servidores, reconociendo el poder del Dios de Sidrac, Misac y Abedénago. Por decreto real, todo el que hable con irreverencia contra el Dios de los tres jóvenes, no importando su origen, deberá ser cortado en pedazos y tendrá su casa reducida a ruinas.

Lectio divina

Pase de 8 a 10 minutos en contemplación silenciosa del siguiente pasaje:

La oración de Sidrac, Misac y Abdénago, celebra la grandeza del Dios creador, Señor del cielo y de la tierra. El cántico convoca a todo lo creado a unirse en la alabanza de Dios, por la maravillosa salvación recibida. Todos podemos tener la experiencia de liberación. El Señor viene siempre en auxilio de sus fieles cuando lo invocan con fe. La salvación experimentada hace que el corazón se desborde en alabanza y reconocimiento.

✠ ¿Qué más podemos aprender de este pasaje?

Día 2: La locura de Nabucodonosor (4:1–34)

El capítulo 4 recuenta otro sueño del rey Nabucodonosor, narrado en primera persona. Estando cierto día tranquilo en su palacio, el rey afirma haber tenido un sueño que lo asustó y atormentó profundamente. Los sabios de su corte una vez más no logran ofrecerle interpretación. Entonces llama a Baltasar (Daniel) para que se lo interprete. El rey le describe su sueño a Daniel en estos términos: en el centro de la tierra había visto un árbol grande y vigoroso, cuya altura llegaba al cielo (alusión a la torre de Babel. Ver Gen 11:4). Las hojas del árbol eran hermosas, sus frutos abundantes y proveía alimento para todas las gentes. A su sombra se abrigaban los animales del campo y las aves hacían sus nidos. Un vigilante (es decir un ángel que sirve a Dios) bajando del cielo grita en alta voz que el árbol se debe tallar, sus hojas y sus frutos se le deben arrancar. Huirán los animales del campo y las aves, y solo quedarán el tocón con sus raíces en la tierra. La imagen cambia a un hombre que se convierte en bestia y debe ser atado con cadenas de bronce y hierro. El vigilante entonces anuncia que "su" corazón dejará de ser el de un ser humano y el cambio durará siete años. El decreto concluye afirmando que el Altísimo es el dueño de los reinos humanos y se los da a quien le parezca, pudiendo incluso exaltar (con la realeza) al más humilde entre los hombres (4:14). El rey entonces le pide a Daniel que se lo interprete.

Momentáneamente alarmado y aturdido por lo que había oído, el rey le pidió que le explicara el significado del sueño. El árbol majestuoso era el mismo rey Nabucodonosor, que se había hecho grande y poderoso, extendiendo su imperio hasta los confines de la tierra. El Altísimo había decretado una sentencia contra el rey: dejaría de vivir entre humanos y condenado a vivir con los animales del campo. Durante siete años comería pasto como los animales y viviría al aire libre como ellos hasta que reconociese que el Altísimo es el soberano sobre todos los reyes de la tierra. Daniel entonces le aconseja que ofrezca reparación por sus pecados con obras de justicia y sus iniquidades por la práctica de la misericordia con los pobres, para que su bienestar se prolongase. Todo lo que el rey soñó se hizo realidad.

Al tiempo anunciado, el rey recupera la razón y alaba al Dios altísimo, Rey del Cielo, que rebaja a los que proceden con soberbia. El capítulo narra la última aparición de Nabucodonosor en el libro. El relato de Daniel parece inspirarse en lo que la crónica recuenta sobre Nabonides, último rey de Babilonia, el cual pasó diez años fuera del reino buscando someter a tribus y regiones de Arabia.

Lectio divina

Pase de 8 a 10 minutos en contemplación silenciosa del siguiente pasaje:
"El propio orgullo humilla al hombre, el espíritu humilde obtiene honores" (Pr 29:23). Una vez más Daniel trasmite una enseñanza sobre la humildad como remedio al orgullo y a la superioridad. El episodio de la locura del rey manifiesta esta enseñanza de manera nítida. El orgullo realmente humilla al hombre: el rey poderoso pierde por un tiempo el juicio y se iguala a animales sin razón. La humildad, por el contrario, enriquece nuestra misma humanidad y nos lleva a mantener nuestra dignidad.

✠ ¿Qué más podemos aprender de este pasaje?

Día 3: La escritura en la pared (5:1–30)

La historia del capítulo 5 refiere un episodio centrado en un rey de nombre Baltasar, identificado como hijo del rey Nabucodonosor. En realidad, la historia de Babilonia se refiere a un Baltasar como hijo del rey Nabonides que actuó como regente durante la ausencia de su padre. Baltasar ofrece un gran banquete a sus dignitarios. Bajo los efectos del vino, manda traer vasos de oro y plata del templo del Señor que Nabucodonosor se había llevado cuando conquistó Jerusalén, para que en ellos él y sus invitados continuasen bebiendo. Mientras bebían, alabando a sus dioses, aparece una mano y escribe sobre la pared del palacio una enigmática sentencia compuesta de tres palabras. El rey palidece y él y todos los invitados quedan aterrorizados. Entonces llaman a adivinos, magos y astrólogos para interpretar al escrito. Como de costumbre, el rey promete regalos y honras al que logre descifrar la misteriosa sentencia. Ninguno lo logra. La reina entonces le habla de Daniel, a quien llaman, y él ofrece la interpretación del escrito. El Dios Altísimo había concedido al rey Nabucodonosor su antepasado, "soberanía, poder, fama y honor" (5:18). Por este motivo, todos los pueblos y reinos, de todas las lenguas, lo temieron. Su poder le hizo arrogante y por ello fue privado del trono y sentenciado a vivir con y como los animales. "El Dios Altísimo es el dueño de los reinos humanos y entroniza a quien quiere" (5:22). Si Baltasar sigue un camino semejante, retando al mismo Señor del Cielo, una sentencia ha sido decretada contra él: Dios midió la duración de su reino y decretó su fin, examinó al rey y lo consideró deficiente y su reino se dividirá entre los medos y persas. Entonces se reconoce que Daniel posee dones. Aquella misma noche, el rey Baltazar fue asesinado.

Lectio divina

Pase de 8 a 10 minutos en contemplación silenciosa del siguiente pasaje:
El pasaje de la escritura en la pared, enseña que con el Dios vivo no se juega. En su borrachera, el rey Baltasar abusa de los vasos sagrados del templo del Señor. Una enseñanza para nuestras vidas puede ser el respeto que debemos tener para con las cosas de Dios. De hecho, Jesús enseña en el evangelio que "no se deben echar lo santo a los perros ni las perlas a los puercos" (ver Mt 7:6). La expresión de Jesús a la luz del

episodio de la mano, nos invita a tener siempre una verdadera reverencia y respeto por las cosas sagradas y los sacramentos de la Iglesia.

✠ ¿Qué más podemos aprender de este pasaje?

Día 4: Daniel en el foso de los leones (6:1-29)

En el capítulo 6 de Daniel, ya nos encontramos en otro período de la historia. La siguiente historia del libro, se ubica durante el reinado de un rey de nombre Darío, "el medo", cuyo imperio consistía de ciento veinte gobernadores de provincias, durante el periodo de los medos y persas. Cada gobernador le respondían a tres ministros, uno de los cuales era Daniel, que se distinguía entre los demás. La historia de Daniel en este capítulo recuerda a historia de José, en Génesis 41:37-46. La envidia hizo que los otros ministros y los gobernadores buscasen continuamente argumentos para acusar a Daniel con respecto al reino, pero no tuvieron éxito. Daniel era particularmente íntegro. Su única "falta" que le podrían encontrar era de orden religioso, no político. El grupo hace que el rey Darío firme un decreto que durante treinta días, nadie podría dirigirle oración ni a dios ni a ningún hombre. Aunque Daniel había oído que se había firmado la nueva ley, continuaba arrodillándose tres veces al día y ofreciéndole súplicas y acciones de gracia a Dios, mirando hacia Jerusalén. En cierta ocasión los ministros y gobernadores lo pillaron rezando y lo denunciaron al rey. Aunque el rey estimaba a Daniel, no podía revocar una determinación ya promulgada (costumbre de los medos y persas). Al tiempo que el autor de Daniel escribe su libro, ya se iba intensificando el intento de Antíoco IV de Siria de forzar a los judíos a adorar a dioses griegos y no a su propio Dios.

El rey entonces no tuvo otra opción ordenar que apresar y lanzar a Daniel en el foso de los leones, diciendo que su Dios era quién le debería salvar. Después de lanzarlo en el foso, lo cerraron con una piedra que fue sellada con el sello real. El rey entonces volvió a su palacio aquella noche, rehusando comer o divertirse y no pudo conciliar el sueño. Al día siguiente temprano, corrió al foso y, acercándose, llamó a Daniel, "siervo del Dios vivo", para saber si aún vivía. Y Daniel le respondió desde el foso diciendo que el Señor había enviado a su ángel, el cual había "cerrado la boca de los leones" hambrientos, para que no le hiciesen mal. El rey reaccionó con alegría al atestiguar eso y mandó sacar a Daniel del foso. Entonces ordenó que echasen al mismo a los acusadores de Daniel, junto con sus mujeres e hijos. Antes de que hubieran llegado al fondo, los leones ya se habían lanzado sobre ellos y devorado. El rey entonces envió una carta a las provincias de su reino, con una alabanza al Dios de Daniel. Y Daniel "prosperó durante los reinados de Darío y de Ciro el Persa" (6:29).

Lectio divina

Pase de 8 a 10 minutos en contemplación silenciosa del siguiente pasaje:
"Si camino entre angustias, me das vida, ante la cólera del enemigo, extiendes tu mano y tu diestra me salva" (Sl 138:7). Dichas palabras del salmo bien se pueden aplicar a Daniel. Éste le manifestó su fidelidad al Señor hasta el punto de entregar su misma vida con tal de preservar su fe. Y el Señor no dejó de recompensarlo, salvándolo de los leones. Para la persona de fe, las dificultades y pruebas de la vida, se le hacen ocasiones de oro para aquilatar su fe.

✠ ¿Qué más podemos aprender de este pasaje?

Preguntas de repaso

1. ¿Cuál es el mensaje del episodio del horno de fuego abrasador?
2. ¿Cómo se realizó el sueño del árbol de Nabucodonosor?
3. ¿Qué verdad enseña el pasaje de la mano que escribe en la pared?
4. ¿En qué términos describe Darío al Dios de Daniel en el escrito que concluye Dn 6?

LECCIÓN 12
El libro de Daniel (II)
DANIEL 7—14

Muchos de los que descansan en el polvo de la tierra se despertarán, unos para la vida eterna, otros para vergüenza y horror eternos (12:2).

Oración inicial (Ver página 14)

Contexto

Parte 1: Daniel 7—8. En el capítulo 7, Daniel describe la visión de bestias que representan poderosas naciones que se enfrentarían a su destrucción. La bestia de diez cuernos, representaba la sucesión de diez reyes que le causaron mucho daño a los israelitas. El cuerno pequeño representa a Antíoco IV Epífanes, perseguidor de los judíos y profanador del templo del Señor. La batalla de dichas naciones se menciona en Dn 8, con la visión de la batalla de un carnero de dos cuernos (representando a los medos y persas) contra un macho cabrío con un solo cuerno (el ejército de Alejandro Magno).

Parte 2: Daniel 9—14. Los capítulos 9—12 describen las revelaciones recibidas por Daniel de manos de un ángel. Con un lenguaje enigmático se anuncia la restauración de la paz. El ángel alerta a Daniel sobre peligros venideros, uno de los cuales será la amenaza que el helenismo constituía para los judíos de Judea. La sección presenta uno de los más antiguos testimonios sobre la resurrección de los muertos. Los capítulos finales hablan del poder del bien y del mal en la historia de Susana y de la impotencia de los falsos dioses, en la historia de Bel y el dragón.

Parte 1: Estudio en grupo (Daniel 7—8)

Leer en voz alta Daniel 7—8.

7:1-28 Las bestias y el juicio

El capítulo 7 da inicio a las visiones apocalípticas de Daniel. Dichos capítulos parecen ser obra de uno o más autores y editores. Siguiendo el patrón de la mayoría de los escritos apocalípticos, los autores de Daniel 7—12 vivieron en un tiempo posterior a los eventos descritos. Escriben como si hubiesen vivido en una época anterior, prediciendo lo que habría de acontecer.

La visión apocalíptica de Daniel, empieza en el primer año del rey Baltasar de Babilonia. Daniel escribió un sueño que tuvo. Vio los cuatro vientos del cielo de improviso agitar el gran mar, del cual emergen cuatro bestias gigantes, cada una diferente de la otra. Las bestias representan las naciones simbolizadas por los materiales de la estatua del sueño de Nabucodonosor de Dn 2:36-45 y a los babilonios, medos, persas y griegos. La primera bestia se parece a un león alado, al cual se le arrancan las alas (simbolizando la pérdida del reino). La segunda bestia tiene la figura de un oso con tres costillas en la boca. Recibe la orden de "devorar mucha carne". El oso parece representar a los medos y los colmillos su poder de destrucción sobre los enemigos. La siguiente bestia era como un leopardo, con cuatro alas como de pájaro y cuatro cabezas. Le fue dado dominio. Ésta simbolizaba a Persia, que se movió ágilmente en el establecimiento de su reino. Las cuatro cabezas simbolizaban a los cuatro grandes reyes persas. La cuarta bestia, "terrible, espantosa y muy fuerte" (7:7), tenía dientes enormes de hierro, "comía, trituraba y pisoteaba todo con sus patas". Era diferente de las demás bestias y tenia diez cuernos. Dicha bestia representaba al cuarto y más poderoso reino que seguiría, de los griegos, con las conquistas de Alejandro Magno. Los diez cuernos parecen simbolizar a los diez reyes del imperio Seléucida (uno de los generales de Alejandro Magno, quién al morir en 323 a.C. tomó posesión de la región de Siria). Daniel estaba mirando los diez cuernos cuando un cuerno pequeño apareció entre ellos. Tenía ojos como los de las personas y una boca arrogante. El cuerno pequeño simboliza al rey Antíoco IV Epífanes (175-164 a.C.), que usurpó el trono de tres de los reyes seléucidas y persiguió a los judíos.

Continuando la visión, vio que se prepararon unos tronos y Dios tomó el suyo, vestido de blanco como la nieve y con pelo tan puro como la lana. El trueno consistía de llamas de fuego y miles lo servían. Se sentó como en un tribunal y se abrieron unos libros. La visión parece representar la corte divina. Los libros detallan los hechos de la humanidad. El cuerno profiere palabras arrogantes hasta que mataron la bestia, destrozaron su cuerpo y lo lanzaron al fuego abrasador. A las otras bestias les quitaron el poder, pero quedaron con vida por un tiempo determinado. Se presenta un personaje misterioso al cual se le dio poder, honor y reino y todos los pueblos lo sirvieron. Su poder es eterno y su reino no pasará. Inquieto en su espíritu ante aquella visión, Daniel pregunta cuál es su significado y alguien se lo explica conforme a los patrones mencionados arriba.

8:1–27 El carnero y el macho-cabrío

El capítulo 8 trata de otra visión de Daniel tuvo durante el tercer año del reinado de Baltasar, en la cual Daniel se vio en la fortaleza de Susa, en la provincia de Elam (una referencia al palacio real de los reyes de Persia). El capítulo se concentra en el choque histórico entre Alejandro Magno de Macedonia y Darío de Persia, y en la exaltación y caída del tirano arrogante. El fondo histórico de estos capítulos se entiende mejor teniendo presente los libros de los Macabeos, especialmente los pasos de la persecución y el final del perseguidor.

Estando a las orillas del río Ulay, Daniel ve un carnero con dos cuernos enormes (Media y Persia), uno más grande y más nuevo que el otro. El carnero embestía contra el norte, sur y oeste, significando así que venía de oriente. Se fortaleció tanto que nadie podía hacerle frente o salvarse de su poder. Al Daniel reflexionar sobre aquella visión, de improviso del occidente aparece un cabrío macho (Alejandro Magno) con un cuerno prominente en la frente, caminando sin jamás tocar la tierra. Corrió hasta el carnero con rabia brutal, destruyendo ambos cuernos. El carnero no pudo resistir el macho cabrío que lo tiró por la tierra y lo pisoteó (al parecer, una referencia a las conquistas de las ciudades persas de Persépolis (331 a.C.) y Ecbátana (330 a.C.) por Alejandro Magno). El cabrío macho cobró mucha fuerza y entonces, de su cuerno despuntaron otros cuatro, orientados hacia los cuatro puntos cardinales (división del reino entre los generales). De uno de ellos salió otro cuerno pequeño que creció hacia el sur y el este (referencia a Antíoco IV).

De éste se dice que embistió contra "el ejército del cielo" y su jefe, posible referencia a los judíos y el sumo sacerdote, suprimiendo el sacrificio diario, profanando el santuario del Señor. Se le ordena al ángel Gabriel que le explique a Daniel el significado de la visión. El mensaje de la visión no se destina a sus contemporáneos, sino a los del autor, perseguidos por Antíoco IV, que morirá en batalla en 164 a.C., a causa de su fe. Así se entiende mejor la conclusión del capítulo en términos típicamente apocalípticos, como un recurso para dar continuidad al libro.

Preguntas de repaso

1. ¿Qué simbolizan las cuatro bestias de la visión de Daniel?
2. ¿Cuál el simbolismo de los diez cuernos en su visión?
3. ¿Quién era el cuerno pequeño y cuál fue su importancia?

Oración final (ver página 15)

Hacer la oración final ahora o después de la *Lectio divina*.

Lectio divina (ver página 8)

Relaje su cuerpo y mantenga una postura de oración (espalda recta, ojos cerrados, pies en el piso). Puede tomar todo el tiempo que usted quiera en hacer este ejercicio, pero se considera que para fines de este estudio bíblico, de 10 a 20 minutos es suficiente.

Las meditaciones que se proporcionan a continuación tienen como finalidad simplemente ayudar a los participantes del grupo a utilizar esta forma de oración, pero tenga en cuenta que la *Lectio divina* tiene como finalidad el llevar a la persona a la contemplación orante, donde la Palabra de Dios hable al corazón.

Las bestias y el juicio (7:1–28)

Con su lenguaje simbólico, el autor de Daniel afirma la soberanía del único Dios viviente sobre los acontecimientos de la historia. Dicha verdad es muy consoladora también en nuestra época, cuando estamos tan agitados y conturbados por tragedias, conflictos y muertes. La fe nos lleva a contemplar la mano providencial de Dios en medio de todos los hechos negativos del mal uso de la libertad de los seres humanos. Los signos de esperanza se publican poco. El bien es humilde, pero se hace mucho bien que no se da a conocer.

✠ ¿Qué más podemos aprender de este pasaje?

El carnero y el cabrío macho (8:1-27)

El deseo de ser más fuertes o ricos llevó a muchos pueblos de la antigüedad a luchar unos contra otros. Un reino tras otro luchó por conquistar un poderío universal. Pero el que se creyó fuerte luego terminó por ser conquistado por otro aún más fuerte. Una vez más emerge la enseñanza de que el orgullo lleva a la ruina. Jesús enseñará a sus seguidores, que aprendan de él a ser mansos y humildes de corazón (ver Mt 11:29). La humildad siempre nos lleva a encontrar la paz.

✠ ¿Qué más podemos aprender de este pasaje?

PARTE 2: ESTUDIO INDIVIDUAL (DANIEL 9—14)

Día 1: Las setenta semanas (9:1-27)

El capítulo 9 de Daniel se compone de dos elementos: una oración penitencial y la cuestión de la datación de la profecía de Jeremías sobre los setenta años (ver Jeremías 25:11-12 y 29:10). La oración de Daniel, que a primera vista parece ser simplemente para pedirle entendimiento al Señor, es en realidad una plegaria penitencial, que brota en un contexto de calamidad del pueblo. Pero se enmarca también en la situación histórica del autor, que es la de la persecución de Antíoco Epífanes. La oración de Daniel, como otros ejemplos de esta misma característica en el Antiguo Testamento, manifiesta una gran solidaridad con el pueblo y sus pecados históricos. La plegaria se compone de dos partes principales. En una parte (9:5-8), Daniel confiesa los pecados de su pueblo que lo ha llevado al cautiverio, proclamando los beneficios de Dios para con él (énfasis especial en la gran salvación de la esclavitud de Egipto) y reconociendo la justicia y misericordia del Señor. Han cometido iniquidades, se rebelaron contra el Señor, desobedecieron sus preceptos y tuvieron oídos sordos a la voz de los profetas que en nombre de Dios les llamaban a la conversión. En una segunda parte (vv.17-19) el orante le dirige al Señor una sentida súplica para que el Señor pronto manifieste su salvación, rescate a su pueblo, perdonándolo de sus pecados.

Los vv. 20-27, relatan la visita de Gabriel a Daniel y la explicación que el ángel le da sobre el enigma de las setenta semanas contenida en la profecía de Jeremías. Usando el número siete de varias maneras, la explicación del ángel subraya aún más que el número "setenta" de Jeremías era una cifra simbólica. En la literatura apocalíptica el énfasis recae en el símbolo, no en la precisión cronológica (los datos de la historia están al servicio del mensaje). El tiempo real del exilio, si contamos la primera deportación en 597 a.C., hasta el edicto de Ciro de Persia autorizando el retorno de los judíos a Israel en 537 a.C., se redondea en setenta años. El ángel afirma que el Señor había decretado "setenta semanas" para los israelitas y la ciudad santa. Típico del lenguaje apocalíptico, dicho conteo del tiempo en semanas parece en realidad significar la duración de 490 años (siete veces setenta años), correspondiente al período que va del oráculo de Jeremías hasta la muerte de Antíoco IV. Al final de este período es cuando Jerusalén será de nuevo purificada y las trasgresiones del pueblo expiadas, restableciendo el culto agradable a Dios. La siguiente cifra que Gabriel menciona si contamos desde la segunda deportación en 587 a.C., parece indicar casi con exactitud el período del exilio de Babilonia. El ungido anunciado podría referirse a Ciro de Persia, cuyo decreto autorizó el regreso del pueblo a Israel, o al sumo sacerdote Josué, que presidirá la reconstrucción del altar de los sacrificios después del exilio (ver Esdras 3:2).

Se anuncia la reconstrucción de la ciudad santa en sesenta y dos semanas. Siete veces sesenta y dos suman 434 años, tiempo aproximado de la reconstrucción de Jerusalén después del exilio y el inicio de la persecución de los seleúcidas. En aquel momento un ungido del Señor sería derrotado sin nadie que lo ayudara. Esto parece referirse a la deposición y muerte del sumo sacerdote Onías III en 171 a.C. El pueblo de un líder (Antíoco IV) vendrá para destruir la ciudad y el santuario. Por una semana (siete años) Antíoco entablará una alianza con muchos de los dirigentes de Judá, que querían conservar la vida pagana de los griegos. Por la mitad de una semana" (tres años y medio), suspenderá el sacrificio del templo y se introducirá un ídolo abominable (la estatua de Zeus Olímpico) en el recinto sagrado (ver 1 Mac 1:54-59; 2 Mac 6:2).

Lectio divina

Pase de 8 a 10 minutos en contemplación silenciosa del siguiente pasaje: La vida humana está envuelta en un misterio. Los rumbos de la humanidad sorprenden en ambos sentidos, tanto positivo como negativo. Así sucedió en la historia del pueblo escogido. Con su lenguaje simbólico, el autor de Daniel reflexiona dicho enigma con sus recibidores, haciendo ver en los acontecimientos del pasado el desarrollo de un plan providente del Señor. Gracias a la victoria histórica de Ciro de Persia sobre los Babilonios, el pueblo en exilio es autorizado a volver a la tierra de Israel. En la misma fragilidad de la libertad de la humanidad, el Dios vivo conduce con sabiduría los hilos de la historia. La fe, "que permite ver al invisible", nos ayuda a descubrir esta realidad.

✠ ¿Qué más podemos aprender de este pasaje?

Día 2: La victoria final de Dios (10–12)

El capítulo 10 de Daniel sirve de introducción para lo que sigue hasta el final del libro y parece inspirarse en el libro de Ezequiel. El ayuno de Daniel le prepara para la revelación que sigue. Daniel se encuentra junto a un río, como Ezequiel, y ahí tuvo una visión angélica que lo impacta profundamente. Según el judaísmo de la época, Miguel es el ángel protector de Israel. El libro de la Verdad, en el lenguaje apocalíptico, es uno de los libros o tablas celestes que contienen de antemano los acontecimientos de la historia.

Para comprender mejor el mensaje de los capítulos 11—12, es importante recordar algunos episodios del proceso histórico en torno a la caída del imperio persa, la expansión griega con Alejandro Magno y después de sus generales en su lucha por el poder. Por otro lado, el capítulo 11 hay que considerarlo como orientado hacia el capítulo 12. Habla, con elementos más o menos precisos, de las grandes figuras que se suceden en los dos reinos principales del imperio de Alejandro Magno, el de los lágidas de Egipto y el de los seléucidas de Siria. El v. 2, se refiere al imperio persa, que Alejandro Magno conquistó en 333 a.C. Los vv. 3-4 aluden a la división del imperio de Alejandro. A su muerte, sus generales principales se dividieron el imperio en cuatro partes. La preocupación de los judíos se concentrará en dos de ellas, Siria al norte y Egipto al sur. El v. 5 parece referirse a los fundadores de dichas dinastías,

Tolomeo I de Egipto (323-285 a.C.) y Seleuco I de Siria (312-280 a.C.). En 252 a.C. Tolomeo II y Antíoco II de Siria pactaron una alianza, y Tolomeo le da a Antíoco a su hija, Berenice, en matrimonio. Antíoco más tarde se divorcia de Berenice y toma de nuevo a Laódice, la esposa de la que se había divorciado anteriormente. Ella se aprovecha de la situación y planea la muerte de Antíoco II, Berenice y su hijo, así como de su séquito egipcio. Como venganza y represalia, Tolomeo III Evergetes (282-222 a.c.) invade Siria y derrota a Seleuco II, llevándose un gran botín de regreso a Egipto (vv.6-9). En 194 a.c. Casándose con Tolomeo V, Cleopatra, hija de Antíoco III, establece una nueva alianza con la casa de Egipto. Antíoco III investirá hacia el occidente contra la ya poderosa Roma y pronto sufrirá derrota definitiva por el cónsul romano, Lucio Cornelio Escipión en 190 a.C. (vv. 10-19). Finalmente, los vv. 21-45, describen las acciones principales de Antíoco IV Epífanes, con su agresivo proceso de helenización de los judíos, que conllevó la erección de un gimnasio en Jerusalén para la educación griega de los judíos y la de la estatua pagana en el templo.

Mientras el capítulo 11 relata en forma de revelación angélica el caminar de la historia que llevó a la derrota definitiva del gran enemigo de los judíos en el período helenístico (Antíoco IV), éste no es más que el penúltimo acto hacia el establecimiento definitivo del reinado de Dios (Dn 12). Una vez más, con un lenguaje típicamente apocalíptico, el autor afirma la victoria de Dios sobre los persecutores del pueblo. De una forma novedosa, en este contexto el autor afirma una resurrección de muertos, posiblemente expandiendo el pensamiento de Ezequiel. Pero mientras el profeta del destierro interpreta la revelación referida en el capítulo 37 en un sentido limitada (como única referencia a la salvación y al retorno de Israel del exilio), el autor de Daniel afirmará una verdadera resurrección de muertos, no para entrar en la patria terrena, sino en el reino definitivo de Dios. Dicha idea se afirmó siempre más como doctrina en el judaísmo del período inmediatamente anterior al tiempo del nuevo Testamento. En el capítulo es bastante claro el significado de una vida eterna, destino de los resucitados, pero también de un juicio de castigo eterno. Dicho momento escatológico, sin embargo, queda "guardado y sellado" hasta que se realice.

Lectio divina

Pase de 8 a 10 minutos en contemplación silenciosa del siguiente pasaje:
Uno de los mensajes principales de la literatura apocalíptica es afirmar, con su lenguaje enigmático, la verdad fundamental de la victoria definitiva de Dios sobre los tejemanejes de la historia humana. Mientras los reinos humanos se suceden unos a otros, la soberanía del Dios vivo se va afirmando cada vez más. Podemos comprobar esto considerando la historia de la Iglesia pasada y también presente. Esta certeza que nos da la fe, nos lleva a mantener siempre viva la esperanza.

✠ ¿Qué más podemos aprender de este pasaje?

Día 3: La historia de Susana y de Bel y el dragón (13—14)

El libro de Daniel concluye con tres historias de carácter claramente didáctico, como parábolas. La primera, la historia de Susana, se distingue de las otras dos por su temática – la fidelidad del justo, la confianza en Dios, la justicia de Dios - y sus posibilidades de credibilidad. Enfatiza de modo paradigmático el significado del nombre Daniel ("Dios es mi juez"). Susana representa un ideal de fidelidad conyugal y confianza en Dios. El relato parece expresar en forma narrativa una enseñanza sapiencial, popular y culta (Proverbios) mezclada con la piedad de los Salmos (ver los Salmos 44, 58 y 94. A la luz de la tradición bíblica, Susana se puede ver también como representación de la fidelidad a Dios del pueblo judío y de su disposición a hacer sacrificios. Ver 2 Mac 6:18-31; 7). Se presenta a Susana como una mujer bella que le temía a Dios. Era esposa de un judío exiliado, rico e influyente, llamado Joaquín. Dos ancianos jueces, que frecuentaban la casa de Joaquín, codiciaban a Susana. Cierto día de calor, Susana decide bañarse en el jardín de su casa y los dos ancianos que se habían escondido allí, intentan poseerla como mujer bajo amenaza de falsa acusaciones. En fidelidad a Dios, Susana se niega y la acusan falsamente de adulterio con un joven supuestamente escondido en el jardín. Condenada a muerte, Susana suplica el auxilio del Señor. Mientras la llevan para ejecutarla, Dios inspiró a Daniel para venir y ayudarla. Daniel hábilmente descubre la mentira de los ancianos ante el pueblo que los lincha.

En las siguiente dos historias (capítulo 14) Daniel recibe el reto de dar culto a dos ídolos babilonios. De tono irónico y hasta burlesco, las dos historias se acomunan por su forma caricaturesca y su crítica de lo falsos y lo vacíos que son los ídolos paganos. En la primera, debe ofrecerle culto al dios Bel, al cual diariamente se le ofrecía un banquete desproporcionado del cual el rey creía que se alimentaba. Al preguntarle por qué no adoraba al ídolo, Daniel afirma delante del rey, que la divinidad pagana era mera obra de mano humana, de barro por dentro y bronce por fuera. Por eso no podía comer nada que se le servía. Alguien debe estar engañando al rey. Daniel le sugiere al rey que se le sirva a la divinidad el banquete acostumbrado y se cierre el templo, sellando la puerta con el sello real. Daniel les ordenó a unos sirvientes que pusieran harina en el suelo. Por la noche, como de costumbre, los sacerdotes paganos vinieron con sus mujeres e hijos para comerse la comida ofrecida al dios. Al día siguiente, en presencia del rey, Daniel descubre la farsa, haciéndole ver las huellas humanas en el piso. Enfurecido, el rey, manda dar muerte a los sacerdotes y sus familias y entregó a Bel a Daniel, que lo destruyó y también su templo.

En el siguiente relato, Daniel mata un "gran dragón que los babilonios veneraban" (posible referencia a una serpiente). Esta vez Daniel no podía negar que era un dios vivo. El rey le ordenó a Daniel que le ofreciera culto, pero Daniel le contestó que solo le ofrecía culto a su Señor. Daniel pide permiso para matar el dragón sin espada ni garrote y le preparó al dragón una comida muy extraña: albóndigas hechas de pez, grasa y pelos cocidos (14:27). El dios la comió y reventó. Acusan a Daniel ante el rey y lo echan otra vez en un foso de leones, donde estuvo seis días. Al séptimo día, el rey encuentra a Daniel sano y salvo, alaba al Dios de Daniel y manda echar a los leones, a los que le habían acusado.

Lectio divina

Pase de 8 a 10 minutos en contemplación silenciosa del siguiente pasaje:

La historia de Susana afirma que el bien siempre vence al final y que la súplica humilde y confiada libra al justo de la injusticia y falsedad. A la vez, el relato subraya el mal que puede acarrear el falso testimonio. Herir la buena fama de una persona es algo grave. Hoy día muchas person se sirven de las redes sociales con esta finalidad. Es una irresponsabilidad y una ofensa a Dios. Una vez esparcida una calumnia y degradada un persona, qué arduo se hace reparar el daño.

✠ Qué más podemos aprender de este pasaje?

Preguntas de repaso

1. ¿Cuál es el significado de las setenta semanas en Daniel?
2. ¿Qué se entiende por época helenística y cuál es su importancia para la comprensión del libro de Daniel?
3. ¿Por qué es tan importante el mensaje de Daniel sobre la resurrección?
4. ¿Cómo representa la historia de Susana la batalla entre el bien y el mal?
5. ¿Qué verdades sobre Dios afirman los relatos del capítulo 14 de Daniel?

Acerca de los autores

El **P. William A. Anderson, DMin, PhD,** sacerdote de la diócesis de Wheeling-Charleston, Virginia del Oeste, director de retiros y misiones parroquiales,profesor, catequista y director espiritual. También fue párroco. Ha escrito numerosas obras sobre pastoral, temas espirituales y religiosos.

El P. Anderson obtuvo el doctorado en Ministerio por la Universidad y Seminario de Santa María de Baltimore y el doctorado en Teología Sagrada por la Universidad Duquesne de Pittsburgh.

El **P. Lucas Teixeira** nació en Ijuí, Brasil en 1974. Estudió Humanidades Clásicas en Connecticut, Estados Unidos y Filosofía y Teología en el Pontificio Ateneo Regina Apostolorum de Roma. Es sacerdote desde 2007, y desde entonces se ha venido especializando en Sagrada Escritura en el Pontificio Instituto Bíblico de Roma, donde actualmente lleva a cabo sus estudios de doctorado.

Cuenta también con estudios en lenguajes semíticos antiguos mismos que llevó a cabo en la Universidad de Leiden (Holanda). Se ha especializado en el estudio de los Padres de la Iglesia y de la tradición litúrgica, y en su integración con los distintos enfoques bíblicos actuales.

www.ingramcontent.com/pod-product-compliance
Lightning Source LLC
LaVergne TN
LVHW051101080426
835508LV00019B/1999